MUHTEŞEM GALETLER YEMEK KİTABI

Her Duruma Uygun 100 Tatlı ve Tuzlu Rustik Tarif

Nuray Özdemir

Telif Hakkı Malzemesi ©2024

Her hakkı saklıdır

Bu kitabın hiçbir bölümü, incelemede kullanılan kısa alıntılar dışında, yayıncının ve telif hakkı sahibinin uygun yazılı izni olmadan, hiçbir şekilde veya yöntemle kullanılamaz veya aktarılamaz. Bu kitap tıbbi, hukuki veya diğer profesyonel tavsiyelerin yerine geçmemelidir.

İÇİNDEKİLER

- İÇİNDEKİLER 3
- GİRİİŞ 6
- GALET BÖREĞİ 7
    - 1. TEMEL GALETTE BÖREK KABUĞU 8
    - 2. TAM BUĞDAY GALETTE BÖREK KABUĞU 10
    - 3. GLUTENSIZ GALETTE BÖREK KABUĞU 12
    - 4. MISIR UNU GALETTE PASTA KABUĞU 14
    - 5. ZEYTINYAĞLI GALETTE BÖREK KABUĞU 16
    - 6. ÇAVDAR GALETTE PASTA KABUĞU 18
    - 7. KARABUĞDAY GALETTE BÖREK KABUĞU 20
- MEYVE GALETLERİ 22
    - 8. BALLI ŞEFTALI GALETTE 23
    - 9. FESLEĞEN BERRY GALETTE 25
    - 10. MUZ VE BİSCOFF S'MORES GALETTES 27
    - 11. TAZE İNCIR GALETTELERI 30
    - 12. KARAMELIZE ELMALI GALETTE 33
    - 13. ZENCEFILLI ARMUT GALETTE 36
    - 14. ARMUT VE ROKFOR GALETTE 39
    - 15. ERIK GALETTE 41
    - 16. CRÈME FRAÎCHE'LI RUSTIK ELMALI VIŞNE GALETTE 44
    - 17. KARAMELLI VE BADEMLI ELMALI KREM PEYNIRLI GALETTE .. 47
    - 18. KARIŞIK BERRY VE EARL GREY GALETTE 49
    - 19. AHUDUDU VE LİMONLU GALETTE 52
    - 20. YABAN MERSİNİ VE LAVANTA GALETTE 54
    - 21. VİŞNELİ VE BADEMLİ GALETTE 56
    - 22. BÖĞÜRTLEN VE NANE GALETTE 58
- SEBZE GALETLERİ 60
    - 23. BALKABAGİ VE ELMALI GALETTE 61
    - 24. KIRMIZI BIBER VE FIRINDA YUMURTA GALETTELERI 63
    - 25. KUŞKONMAZ, PROSCIUTTO VE KEÇI PEYNIRLI GALETTELER 66
    - 26. PATLICAN VE DOMATES GALETTE 69
    - 27. PATATES PIRASALI GALETTE 72
    - 28. İSVIÇRE PAZI BEYAZ PEYNIRLI VE ÇAM FISTIKLI GALETTE ... 74
    - 29. MANTAR SOSLU MANTAR VE KEREVIZ KÖKÜ GALETTE ... 77
    - 30. PATATES VE MANTARLI GALETTE 81
    - 31. TATLI PATATES GALETTE 83
    - 32. DOMATES VE KARAMELIZE SOĞAN GALETTE 86
    - 33. KABAKLI VE KEÇI PEYNIRLI MISIR GALETTE 89
    - 34. PEYNIRLI SALAM VE DOMATES GALETTE 92
    - 35. DOMATES, PESTO VE KEÇI PEYNIRI GALETTE 94

36. Ispanaklı ve Ricotta Galette 96
37. Brokoli ve Cheddar Galette 98
38. Fesleğen Pestolu Kabak ve Ricotta Galette 100
39. Karamelize Soğan ve Ispanaklı Galette 102

CEVİZLİ GALETLER 104
40. Ahududu Soslu Ahududu ve Fındıklı Galetteler 105
41. Mango Fındıklı Nutellalı Turta Galette 107
42. Nektarin ve Erik Fıstıklı Galette 109
43. Ahududu & Meyankökü Reçeli ve Fındık Galette 112
44. Bademli ve Tuzlu Peynirli Galette 115
45. Bademli Şeftali ve Böğürtlen Galette 118
46. Kızılcık Ceviz Galette 121
47. Çikolatalı Cevizli Galette 123
48. Sırlı Şeftali Galette Kaju Kremalı 125
49. Ravent Gülü ve Çilek Fıstıklı Galettes 128
50. Elmalı ve Fındıklı Galette 132

BİTKİ GALETLERİ 135
51. Altın Domates ve Fesleğen Galette 136
52. Kekik Kokulu Elma Galette 139
53. Kabak, Tarhun ve Kekik Galette 142
54. Biberiyeli Elma Galette 145
55. Armut Adaçayı Galette 147
56. Bezelye, Ricotta ve Dereotu Galette 150
57. Kuşkonmaz ve Frenk Soğanı Galette 153
58. Domates, Peynir ve Kekikli Galette 156
59. Otlu Havuç ve Krem Peynirli Galette 158
60. Böğürtlen Nane Galette 161
61. Limonlu Kekik ve Yaban Mersinli Galette 164
62. Fesleğen ve Kiraz Domates Galette 166
63. Kişniş Limonlu Mısır Galette 168
64. Adaçayı ve Balkabagi Galette 170
65. Nane Bezelye ve Beyaz Galette 172
66. Limon Biberiye Patates Galette 174
67. Karamelize Arpacık Soğanlı ve Kekikli Galette 176
68. Karamelize Soğanlı Brie and Sage Galette 178

BAHARATLI GALETLER 180
69. Chai Baharatlı Elma Galette 181
70. Beş Baharatlı Şeftali Galette 184
71. Domates ve Jalapeno Galette 187
72. Kış Meyveli ve Zencefilli Kurabiye Galette 189
73. Kakule Baharatlı Kayısı Badem Galette 193
74. Chipotle Tatlı Patates ve Siyah Fasulye Galette 196

ÇİKOLATA GALETLER 198

75. Nutellalı Çikolatalı Galette 199
76. Çikolatalı ve Ahududulu Galette 201
77. Tuzlu Karamelli Çikolatalı Galette 203
78. Çikolatalı ve Muzlu Galette 205
79. Beyaz Çikolatalı Ahududu Galette 207
80. Çikolatalı Kiraz Galette 209
81. Fıstık Ezmesi Kupası S'mores Galette 211
82. Bitter Çikolata ve Portakallı Galette 214
83. Hindistan Cevizli Çikolata Galette 216

ETLİ GALETLER 218
84. Sosis Galette 219
85. Tavuk ve Mantarlı Galette 222
86. Dana ve Karamelize Soğan Galette 224
87. Jambonlu ve Peynirli Galette 226
88. Hindi ve Kızılcık Galette 228
89. Kuzu ve Beyaz Galette 230
90. Çekilmiş Domuz Eti ve Lahana Salatası Galette 232
91. Pastırma, Yumurta ve Peynir Galette 234
92. Patates, Sosis ve Biberiye Galette 236
93. Kavrulmuş Domates Galette İki Yollu 239

SEBZE GALETLERİ 243
94. Ratatouille Galette 244
95. Körili Sebze Galette 246
96. Caprese Galette 248
97. Mantar ve Gruyere Galette 250
98. Ispanaklı ve Feta Galette 252
99. Kavrulmuş Sebze Galette 254
100. Kabak ve Domates Galette 256

ÇÖZÜM 259

GİRİŞ

"Görkemli Galette Yemek Kitabı: Her Duruma Uygun 100 Tatlı ve Tuzlu Rustik Tarif!" kitabına hoş geldiniz! Galette'ler, hem tatlı hem de tuzlu kreasyonlar için çok yönlü bir tuval sunan, rustik çekiciliğin ve mutfak zevkinin somut örneğidir. Fransa kökenli galetteler, sadeliği, şıklığı ve lezzetiyle dünya çapında yemek tutkunlarının gönlünde ve damaklarında taht kurmuştur. Bu yemek kitabında, yemek pişirme repertuarınızı zenginleştirecek ve duyularınızı memnun edecek 100 karşı konulamaz galette tarifinden oluşan özenle seçilmiş bir koleksiyonla gastronomik bir yolculuğa çıkıyoruz.

Galetteler, serbest biçimli doğasıyla, ev yapımı iyiliğin özünü temsil ediyor. Mütevazı ama sofistike olmaları onları gündelik toplantılar, aile yemekleri veya özel günler için mükemmel kılıyor. İster deneyimli bir fırıncı olun ister acemi bir aşçı olun, bu sayfalarda seveceğiniz bir şeyler bulacaksınız. Mevsimlik lezzetlerle dolu klasik meyvelerle dolu galettelerden, peynir, sebze ve otlardan oluşan karışık lezzetler içeren lezzetli kreasyonlara kadar, her damak zevkine ve her duruma uygun bir galette vardır.

Bu yemek kitabındaki her tarif, lezzetten veya sunumdan ödün vermeden hazırlanma kolaylığı sağlayacak şekilde özenle hazırlanmıştır. Ayrıntılı talimatlar, faydalı ipuçları ve çarpıcı fotoğraflarla, bu mutfak şaheserlerini kendi mutfağınızda yeniden yaratma konusunda kendinizi güvende hissedeceksiniz. Canınız ister rahatlatıcı bir tatlı isterse lezzetli bir lezzet olsun, bu sayfalarda ilham ve tatmin bulacaksınız. O halde kollarınızı sıvayın, oklavanızın tozunu alın ve galette rehberiniz eşliğinde lezzetli bir maceraya atılmaya hazır olun. İster kendiniz için, ister aileniz için, ister bir arkadaş toplantısı için yemek yapıyor olun, "Görkemli Galettes Yemek Kitabı" damak tadınızı memnun etmeyi ve daha fazlasını istemenizi sağlamayı vaat ediyor. Ev yapımı pişirmenin keyfini ve rustik mutfağın zamansız çekiciliğini her nefis lokmayla kutlayalım.

GALET BÖREĞİ

1.Temel Galette Börek Kabuğu

İÇİNDEKİLER:
- 1 1/4 bardak çok amaçlı un
- 1/2 çay kaşığı tuz
- 1/2 bardak (1 çubuk) soğuk tuzsuz tereyağı, küçük parçalar halinde kesilmiş
- 1/4 bardak buzlu su

TALİMATLAR:
a) Büyük bir kapta un ve tuzu birlikte çırpın.
b) Soğuk tereyağı parçalarını un karışımına ekleyin ve bir pasta kesici veya parmaklarınızı kullanarak, karışım iri kırıntılara benzeyene kadar tereyağını una yedirin.
c) Hamur bir araya gelmeye başlayana kadar bir çatalla karıştırarak, her seferinde 1 çorba kaşığı buzlu suyu yavaş yavaş ekleyin.
ç) Hamuru bir top haline getirin, bir disk şeklinde düzleştirin, plastik ambalaja sarın ve kullanmadan önce en az 30 dakika buzdolabında saklayın.

2.Tam Buğday Galette Börek Kabuğu

İÇİNDEKİLER:
- 1 su bardağı tam buğday unu
- 1/2 bardak çok amaçlı un
- 1/2 çay kaşığı tuz
- 1/2 bardak (1 çubuk) soğuk tuzsuz tereyağı, küçük parçalar halinde kesilmiş
- 1/4 bardak buzlu su

TALİMATLAR:
a) Büyük bir kapta tam buğday ununu, çok amaçlı unu ve tuzu birlikte çırpın.

b) Soğuk tereyağı parçalarını un karışımına ekleyin ve bir pasta kesici veya parmaklarınızı kullanarak, karışım iri kırıntılara benzeyene kadar tereyağını una yedirin.

c) Hamur bir araya gelmeye başlayana kadar bir çatalla karıştırarak, her seferinde 1 çorba kaşığı buzlu suyu yavaş yavaş ekleyin.

ç) Hamuru bir top haline getirin, bir disk şeklinde düzleştirin, plastik ambalaja sarın ve kullanmadan önce en az 30 dakika buzdolabında saklayın.

3.Glutensiz Galette Börek Kabuğu

İÇİNDEKİLER:
- 1 su bardağı glutensiz çok amaçlı un
- 1/4 su bardağı badem unu
- 1/2 çay kaşığı tuz
- 1/2 bardak (1 çubuk) soğuk tuzsuz tereyağı, küçük parçalar halinde kesilmiş
- 1/4 bardak buzlu su

TALİMATLAR:
a) Büyük bir kapta glutensiz çok amaçlı un, badem unu ve tuzu birlikte çırpın.

b) Soğuk tereyağı parçalarını un karışımına ekleyin ve bir pasta kesici veya parmaklarınızı kullanarak, karışım iri kırıntılara benzeyene kadar tereyağını una yedirin.

c) Hamur bir araya gelmeye başlayana kadar bir çatalla karıştırarak, her seferinde 1 çorba kaşığı buzlu suyu yavaş yavaş ekleyin.

ç) Hamuru bir top haline getirin, bir disk şeklinde düzleştirin, plastik ambalaja sarın ve kullanmadan önce en az 30 dakika buzdolabında saklayın.

4. Mısır unu Galette Pasta Kabuğu

İÇİNDEKİLER:
- 1 fincan çok amaçlı un
- 1/4 bardak mısır unu
- 1/2 çay kaşığı tuz
- 1/2 bardak (1 çubuk) soğuk tuzsuz tereyağı, küçük parçalar halinde kesilmiş
- 1/4 bardak buzlu su

TALİMATLAR:
a) Büyük bir kapta çok amaçlı un, mısır unu ve tuzu birlikte çırpın.
b) Soğuk tereyağı parçalarını un karışımına ekleyin ve bir pasta kesici veya parmaklarınızı kullanarak, karışım iri kırıntılara benzeyene kadar tereyağını una yedirin.
c) Hamur bir araya gelmeye başlayana kadar bir çatalla karıştırarak, her seferinde 1 çorba kaşığı buzlu suyu yavaş yavaş ekleyin.
ç) Hamuru bir top haline getirin, bir disk şeklinde düzleştirin, plastik ambalaja sarın ve kullanmadan önce en az 30 dakika buzdolabında saklayın.

5.Zeytinyağlı Galette Börek Kabuğu

İÇİNDEKİLER:
- 1 1/4 bardak çok amaçlı un
- 1/2 çay kaşığı tuz
- 1/4 su bardağı zeytinyağı
- 1/4 bardak buzlu su

TALİMATLAR:
a) Büyük bir kapta un ve tuzu birlikte çırpın.

b) Zeytinyağını unlu karışımın üzerine gezdirin ve bir çatal kullanarak karışım iri kırıntılara benzeyene kadar karıştırın.

c) Hamur bir araya gelmeye başlayana kadar bir çatalla karıştırarak, her seferinde 1 çorba kaşığı buzlu suyu yavaş yavaş ekleyin.

ç) Hamuru bir top haline getirin, bir disk şeklinde düzleştirin, plastik ambalaja sarın ve kullanmadan önce en az 30 dakika buzdolabında saklayın.

6.Çavdar Galette Pasta Kabuğu

İÇİNDEKİLER:

- 1 su bardağı çavdar unu
- 1/2 bardak çok amaçlı un
- 1/2 çay kaşığı tuz
- 1/2 bardak (1 çubuk) soğuk tuzsuz tereyağı, küçük parçalar halinde kesilmiş
- 1/4 bardak buzlu su

TALİMATLAR:

a) Büyük bir kapta çavdar ununu, çok amaçlı unu ve tuzu birlikte çırpın.

b) Soğuk tereyağı parçalarını un karışımına ekleyin ve bir pasta kesici veya parmaklarınızı kullanarak, karışım iri kırıntılara benzeyene kadar tereyağını una yedirin.

c) Hamur bir araya gelmeye başlayana kadar bir çatalla karıştırarak, her seferinde 1 çorba kaşığı buzlu suyu yavaş yavaş ekleyin.

ç) Hamuru bir top haline getirin, bir disk şeklinde düzleştirin, plastik ambalaja sarın ve kullanmadan önce en az 30 dakika buzdolabında saklayın.

7.Karabuğday Galette Börek Kabuğu

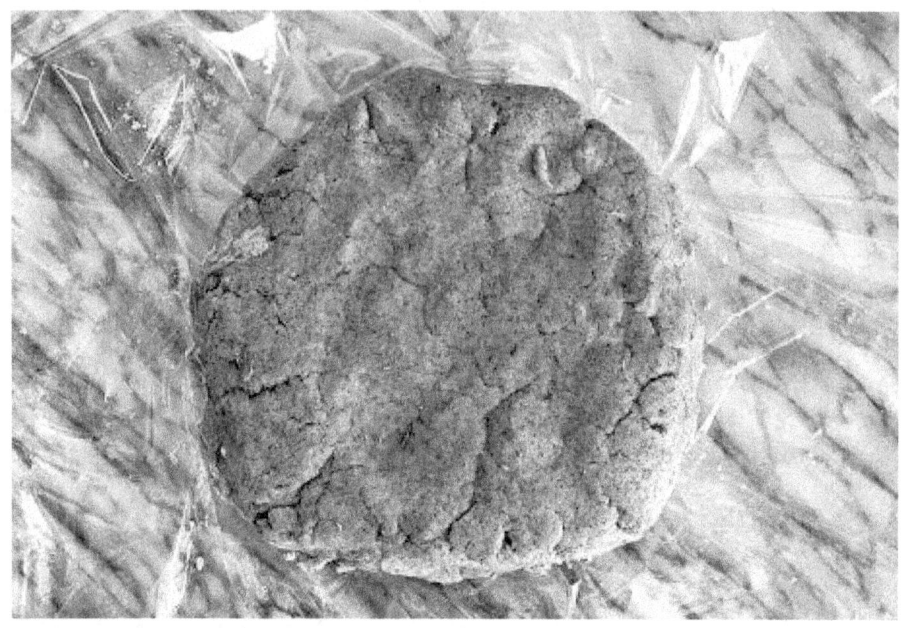

İÇİNDEKİLER:
- 1 su bardağı karabuğday unu
- 1/2 bardak çok amaçlı un
- 1/2 çay kaşığı tuz
- 1/2 bardak (1 çubuk) soğuk tuzsuz tereyağı, küçük parçalar halinde kesilmiş
- 1/4 bardak buzlu su

TALİMATLAR:
a) Büyük bir kapta karabuğday ununu, çok amaçlı unu ve tuzu birlikte çırpın.
b) Soğuk tereyağı parçalarını un karışımına ekleyin ve bir pasta kesici veya parmaklarınızı kullanarak, karışım iri kırıntılara benzeyene kadar tereyağını una yedirin.
c) Hamur bir araya gelmeye başlayana kadar bir çatalla karıştırarak, her seferinde 1 çorba kaşığı buzlu suyu yavaş yavaş ekleyin.
ç) Hamuru bir top haline getirin, bir disk şeklinde düzleştirin, plastik ambalaja sarın ve kullanmadan önce en az 30 dakika buzdolabında saklayın.

MEYVE GALETLERİ

8.Ballı Şeftali Galette

İÇİNDEKİLER:

- 4-5 adet olgun şeftali, dilimlenmiş
- 2 yemek kaşığı bal
- 1 yemek kaşığı mısır nişastası
- 1 çay kaşığı vanilya özü
- ¼ çay kaşığı öğütülmüş tarçın
- 1 soğutulmuş pasta kabuğu (veya ev yapımı)

TALİMATLAR:

a) Fırınınızı önceden 375°F (190°C) ısıtın.

b) Bir kasede dilimlenmiş şeftalileri, balı, mısır nişastasını , vanilya özütünü ve öğütülmüş tarçını birleştirin. Şeftalilerin üzeri eşit şekilde kaplanana kadar fırlatın .

c) Pasta kabuğunu açın ve bir fırın tepsisine yerleştirin.

d) dilimlerini hamurun ortasına , kenarlarında bir kenarlık bırakarak yerleştirin.

e) Kabuğun kenarlarını şeftalilerin üzerine katlayarak rustik bir galette şekli oluşturun.

f) 30-35 dakika veya kabuk altın rengi kahverengi olana ve şeftaliler yumuşayana kadar pişirin.

g) galettenin biraz soğumasını bekleyin . İsteğe bağlı olarak servis yapmadan önce üzerine ilave bal gezdirin.

9.Fesleğen Berry Galette

İÇİNDEKİLER:

- 1 önceden hazırlanmış pasta kabuğu
- 2 su bardağı karışık meyveler (çilek, yaban mersini, ahududu)
- ¼ su bardağı toz şeker
- 1 yemek kaşığı taze fesleğen, doğranmış
- 1 yemek kaşığı mısır nişastası
- 1 yemek kaşığı limon suyu
- 1 yumurta (yumurta yıkamak için dövülmüş)
- 1 yemek kaşığı turbinado şekeri (serpmek için)

TALİMATLAR:

a) Fırını önceden 375°F'ye (190°C) ısıtın ve fırın tepsisini parşömen kağıdıyla kaplayın.

b) Bir kapta karışık meyveleri, toz şekeri, doğranmış fesleğeni, mısır nişastasını ve limon suyunu karıştırın.

c) Hazırlanan fırın tepsisine pasta kabuğunu açın.

ç) Meyve karışımını, kenarların etrafında bir kenarlık bırakarak kabuğun ortasına kaşıkla dökün.

d) Kabuğun kenarlarını meyvelerin üzerine katlayarak rustik bir galette şekli oluşturun.

e) Kabuğun kenarlarını çırpılmış yumurta ile fırçalayın ve turbinado şekeri serpin.

f) 25-30 dakika ya da kabuk altın rengi oluncaya ve meyveler kabarcıklı hale gelinceye kadar pişirin.

10. Muz ve Biscoff s'Mores Galettes

İÇİNDEKİLER:
GALETTE HAMURU İÇİN:
- 1 ¼ bardak çok amaçlı un
- 1 yemek kaşığı toz şeker
- ¼ çay kaşığı tuz
- ½ bardak tuzsuz tereyağı, soğuk ve küçük küpler halinde kesilmiş
- 3-4 yemek kaşığı buzlu su

DOLGU İÇİN:
- 2 adet olgun muz, dilimlenmiş
- ½ bardak Biscoff kreması (veya Speculoos kreması)
- ½ bardak mini marshmallow
- Üzerine serpmek için 1 yemek kaşığı toz şeker

HİZMET İÇİN:
- Krem şanti veya vanilyalı dondurma (isteğe bağlı)

TALİMATLAR:

a) Galette hamuru için bir karıştırma kabında un, şeker ve tuzu çırpın . Soğuk küp tereyağını ekleyin ve parmak uçlarınızı veya bir pasta kesiciyi kullanarak tereyağını un karışımına iri kırıntılara benzeyene kadar kesin.

b) Her seferinde 1 çorba kaşığı buzlu suyu yavaş yavaş ekleyin ve hamur bir araya gelinceye kadar karıştırın. Hamuru bir disk haline getirin, streç filmle sarın ve en az 30 dakika buzdolabında saklayın.

c) Fırınınızı önceden 375°F (190°C) ısıtın. Bir fırın tepsisini parşömen kağıdıyla hizalayın.

ç) galette hamurunu yaklaşık ⅛ inç kalınlığında kaba bir daire şeklinde açın . Açılan hamurları hazırlanan fırın tepsisine aktarın.

d) Biscoff kremasını galette hamurunun ortasına kenarlarda bir kenar kalacak şekilde yayın . Dilimlenmiş muzları Biscoff kremasının üzerine dizin .

e) Mini marshmallow'ları muzların üzerine eşit şekilde serpin. Galette hamurunun kenarlarını , dolgunun üzerine hafifçe gelecek şekilde içe doğru katlayın.

f) Galette hamurunun katlanmış kenarlarına toz şeker serpin .

g) Önceden ısıtılmış fırında yaklaşık 20-25 dakika veya galette altın rengi kahverengi olana ve dolgu kabarcıklı olana kadar pişirin.

ğ) Galetteyi fırından çıkarın ve servis yapmadan önce birkaç dakika soğumasını bekleyin.

h) Sıcak galetteyi olduğu gibi veya ekstra bir keyif için bir parça çırpılmış krema veya bir kepçe vanilyalı dondurma ile servis edin.

11.Taze İncir Galetteleri

İÇİNDEKİLER:
HAMUR İÇİN:
- ¾ çay kaşığı tuz
- ½ bardak (1 çubuk) tuzsuz tereyağı, soğutulmuş, küçük parçalar halinde kesilmiş
- 7 yemek kaşığı katı sebze yağı, soğutulmuş, küçük parçalar halinde
- Yaklaşık ¼ su bardağı buzlu su

DOLGU İÇİN:
- 1½ pound taze incir
- 6 yemek kaşığı şeker
- Yumurta yıkama (1 yumurta sarısı, 2 çay kaşığı kremayla çırpılmış)
- Galette jantları için şeker

TALİMATLAR:
HAMUR HAZIRLANIŞI:
a) Bir mutfak robotunda un ve tuzu birleştirin. Karıştırmak için üç veya dört kez darbe uygulayın.
b) Tereyağı parçalarını ekleyin ve yağ eşit şekilde dağılıncaya ve unla kaplanana kadar birkaç kez nabız atın.
c) unla kaplanana kadar birkaç kez nabız atın. Hala büyük bezelye büyüklüğünde unla kaplanmış yağ parçaları bulunmalıdır.
ç) Karışımı geniş bir kaseye aktarın. Topaklar halinde bir araya gelmeye başlayıncaya kadar çatalla savururken buzlu su gezdirin, ardından hamuru ellerinizle bir araya toplayın.
d) Hamuru mümkün olduğu kadar az tutun, ardından plastik ambalaja sarın ve soğuyuncaya kadar en az 2 saat buzdolabında saklayın.

GALET MONTAJI:
e) Fırını 425 dereceye kadar önceden ısıtın.
f) İç harcı hazırlamak için incirleri sap kısmından dörde bölün veya büyükse altıya bölün. Bir kasede kenara koyun.
g) Galetteleri birleştirmeye hazır olmadan hemen önce incirlerin üzerine 6 yemek kaşığı şeker serpin ve hafifçe fırlatın.
ğ) Hamuru 6 eşit parçaya bölün. Her seferinde tek parça halinde çalışarak hamuru hafifçe unlanmış bir tahta üzerinde yaklaşık ⅛ inç kalınlığında bir daire şeklinde açın.

h) Düzgün 7 inçlik bir daire çizmek için ters çevrilmiş bir plaka veya karton şablon kullanın. Daireyi ağır bir fırın tepsisine aktarın.
ı) İncirlerin altıda birini çekici bir şekilde merkeze yerleştirin ve her yerde 1½ inçlik bir kenar bırakın.
i) Hamurda çatlak olmadığından veya pişirme sırasında meyve sularının dışarı sızacağından emin olarak kenar oluşturmak için kenarı katlayın. Gerekirse soğuk suyla hafifçe nemlendirilmiş kesilmiş hamur parçalarıyla yama yapın.
j) Kenarını biraz yumurta akı ile fırçalayın, ardından kenarını cömertçe şekerle serpin.
k) 6 yapmak için kalan hamurla aynı işlemi tekrarlayın. galetler Muhtemelen bir seferde bunların sadece yarısını fırın tepsisine sığdıracaksınız.
l) Birleştirin ve pişirin 3 2 sayfayı aynı anda pişirmek yerine galetteleri tek seferde pişirin.
m) Kabuk altın rengine ve meyve kabarcıklı hale gelinceye kadar 22 ila 25 dakika pişirin.
n) Servis yapmadan önce bir rafa aktarın ve hafifçe soğutun.

12. Karamelize Elmalı Galette

İÇİNDEKİLER:
- 1 Tarif Hızlı Milföy Böreği
- 1 Northern Spy veya diğer sert pişirme elmaları
- ¼ bardak şeker
- 2 yemek kaşığı tuzsuz tereyağı
- 1 yemek kaşığı Calvados (Fransız elma brendi)

TALİMATLAR:

a) Hafifçe unlanmış bir çalışma yüzeyinde, Hızlı Puf Böreği hamur tarifinin sekizde birini yaklaşık ⅛ inç kalınlığa kadar açın.
b) Keskin bir soyma bıçağı kullanarak hamuru yaklaşık 7½ inç çapında bir daire şeklinde kesin. Parşömen kaplı bir fırın tepsisine aktarın ve yaklaşık 15 dakika soğuması için buzdolabına koyun.
c) Fırını önceden 425°F'ye ısıtın. Soğutulmuş hamur işi hamurunu, alt kısmı 6½ inç çapında olan ağır bir dökme demir tavaya yerleştirin.
ç) Elmayı soyun, çekirdeklerini çıkarın ve uzunlamasına ikiye bölün.
d) Bir mandolin veya çok keskin bir bıçak kullanarak elma yarımlarını enine yirmi beş ⅛ inç dilimler halinde dilimleyin.
e) Elma dilimlerini, üst üste gelecek şekilde ve hamur işi hamurunun kenarından ½ inç içeride kalacak şekilde düzgün bir yelpaze şeklinde düzenleyin. Genişletilmiş daireyi oluştururken ortayı daha küçük veya kırık elma dilimleriyle doldurun.
f) Elmaların üzerine iki yemek kaşığı şeker serpin ve çok küçük parçalar halinde kesilmiş 1 yemek kaşığı tereyağını noktalayın.
g) Tavayı fırına yerleştirin ve hamur işi tavanın kenarları boyunca kabarıp altın rengi kahverengi olana kadar yaklaşık 30 dakika pişirin.
ğ) Tavayı fırından çıkarın. Bir spatula kullanarak tartı tavadan çıkarın ve bir tabağa aktarın. Bir kenara koyun.
h) Kalan yemek kaşığı tereyağını tavaya ekleyin ve orta ateşte ısıtın. Geriye kalan 2 yemek kaşığı şekeri ekleyin ve şeker eriyip hafif karamel kıvamına gelinceye kadar yaklaşık 5 dakika pişirin.
ı) Calvados'u bir bardağa ölçün, ardından karamelin içine dökün. Alkolü yaklaşık 2 ila 3 dakika pişirin.
i) Turtayı elmalı kısmı aşağıya bakacak şekilde tavaya geri koyun ve karamel tartın üzerinde kabarcıklar oluşana ve biraz kalın görünmeye başlayana kadar 4 ila 5 dakika pişirin.
j) Tavayı ocaktan alın ve tavadan damlayan sıcak karameli yakalayacak kadar büyük bir tabağa tartı dikkatlice ters çevirin.

13. Zencefilli Armut Galette

İÇİNDEKİLER:

Haşlanmış Armutlar İçin:
- 6 büyük armut
- 6 bardak Pinot Noir
- 1 su bardağı şeker
- 1 çubuk tarçın
- 1 yemek kaşığı kabaca doğranmış zencefil
- 1 portakalın kabuğu rendesi

HAMUR İÇİN:
- 2⅓ su bardağı un
- ½ bardak kısaltma
- ½ su bardağı tuzsuz tereyağı
- 1 çay kaşığı tuz
- 2 çay kaşığı kıyılmış zencefil şekerlemesi
- 6 ila 8 yemek kaşığı soğuk su

MONTAJLAMA:
- 4 yemek kaşığı eritilmiş tuzsuz tereyağı
- ½ bardak) şeker
- 1 litre kaliteli vanilyalı dondurma

TALİMATLAR:

Haşlanmış Armutlar İçin:

a) Armutları soyun ve ikiye bölün; bir kenara koyun.

b) Büyük bir tencerede şarabı, şekeri, tarçını, zencefili ve portakal kabuğu rendesini ısıtın ve kaynatın.

c) Armutları ekleyip çatal yumuşayana kadar orta-yüksek ateşte pişirin. Vaktiniz varsa armutları sıvı içinde soğumaya bırakın; değilse, armutları işlenecek kadar soğumaya bırakın, ardından yaklaşık ¼ inç kalınlığında dilimler halinde kesin ve bir kenara koyun.

HAMUR İÇİN:

ç) Unu, katı yağı, tereyağını, tuzu ve zencefili orta boy bir kaseye koyun.

d) Karışım iri bir öğüne benzeyene kadar parmak uçlarınızla tereyağını ve katı yağı ekleyip karıştırın.

e) Hamuru nemlendirmeye yetecek kadar su ekleyin ve hamur bir araya gelinceye kadar çatalla karıştırın.
f) Hamuru 20 ila 30 dakika dinlenmeye bırakın.
g) Hamuru iyice unlanmış bir tahta üzerinde yaklaşık yarım santim kalınlığında açın. 6 4 ila 5 inçlik daireleri kesin ve bunları yağlanmış bir tepsiye yerleştirin.
ğ) Dairelerin her birini cömertçe eritilmiş tereyağıyla fırçalayın, ardından üzerine şeker serpin.
h) Haşlanmış armut dilimlerini her daireye dairesel bir şekilde yerleştirin. Her birine tekrar tereyağı sürün ve üzerine şeker serpin.
ı) 375 derecelik bir fırına yerleştirin ve kabuk altın rengi kahverengi olana kadar yaklaşık 30 ila 40 dakika pişirin.
i) Fırından çıkarın ve yaklaşık 10 dakika soğumaya bırakın. Tavadan alıp tatlı tabaklarına yerleştirin.
j) Her galettenin üzerine bir kepçe vanilyalı dondurma koyun ve sıcak olarak servis yapın.

14. Armut ve Rokfor Galette

İÇİNDEKİLER:
- 1 (145g) paket pizza tabanı karışımı
- 1 kırmızı soğan, ince dilimlenmiş
- 1 büyük olgun armut, çekirdeği çıkarılmış ve ince dilimlenmiş
- 100 gram ufalanmış rokfor peyniri
- Tatmak için karabiber

TALİMATLAR:
a) Fırını 220°C/425°F/gaza kadar önceden ısıtın 7.
b) Pizza tabanını paketin üzerindeki tarife göre hazırlayın. 2 parçaya bölün ve her bir parçayı daire şeklinde açın.
c) Her dairenin üzerine ince dilimlenmiş armut ve kırmızı soğan ekleyin.
ç) Rokfor peynirini her dairenin üzerine armut ve soğanın üzerine ufalayın.
d) Önceden ısıtılmış fırında yaklaşık 15 dakika veya altın rengi kahverengi olana ve köpürene kadar pişirin.
e) Üzerine karabiber öğütün ve hemen yanında çıtır yeşil salatayla servis yapın.

15. Erik Galette

İÇİNDEKİLER:

KABUĞU İÇİN:
- 1 ¼ bardak (160 g) çok amaçlı un
- 1 çay kaşığı şeker
- ½ çay kaşığı tuz
- ¼ çubuk (137g) tuzsuz tereyağı, küp şeklinde kesilmiş
- ¼ bardak (57ml) ekşi krema
- 1 yumurta, çırpılmış, yumurta yıkamak için (isteğe bağlı)
- Yumurta yıkama için 1 çay kaşığı krema (isteğe bağlı)
- Serpmek için kaba şeker (isteğe bağlı)

DOLGU:
- 6 ila 8 tart erik ve/veya pluot, çekirdekleri çıkarılmış ve dilimlenmiş (yaklaşık 570g)
- ⅓ su bardağı (70g) şeker
- ⅛ çay kaşığı tarçın
- 1 çay kaşığı limon suyu
- 1 çay kaşığı portakal kabuğu rendesi (veya limon kabuğu rendesi)
- 1 çay kaşığı hızlı tapyoka veya 1 yemek kaşığı un (koyulaştırmak için)

TALİMATLAR:

GALETTE HAMURUNUN YAPILMASI:

a) Unu, şekeri ve tuzu geniş bir kapta birlikte çırpın.

b) Küp şeklinde tereyağını hamura ekleyin ve ellerinizi veya bir hamur karıştırıcısını kullanarak, tereyağını bezelye büyüklüğünde olmayan parçalarla karışım kırıntılara benzeyene kadar hamurun içine karıştırın.

c) Ekşi kremayı ekleyin ve bir çatalla karıştırın. Hamuru bir top haline getirin, bir disk şeklinde düzleştirin, streç filmle sarın ve açmadan önce en az bir saat soğutun.

DOLGU:

ç) Orta boy bir kapta erik dilimlerini şeker, tarçın, limon suyu, lezzet ve hazır tapyoka (veya un) ile yavaşça karıştırın.

d) Fırın tepsisini parşömen kağıdı veya silikon mat ile hizalayın veya fırın tepsisini hafifçe yağlayın.

e) Temiz bir yüzeyi hafifçe unlayın ve pasta hamurunu 13 inçlik eşit kalınlıkta bir yuvarlak haline getirin.
f) Açtığınız pasta hamurunu, astarlı veya tereyağlı fırın tepsisinin ortasına yerleştirin.
g) Erik dilimlerini, hamurun dış kenarından 1 ½ ila 2 inç başlayarak merkeze doğru ilerleyerek dairesel bir düzende düzenleyin.
ğ) Pasta kabuğunun kenarlarını, dolgunun dairesi görülebilecek şekilde yukarı ve yukarı doğru katlayın.
h) Kabuğun çekici bir görünüm kazanmasını istiyorsanız yumurtayı ve kremayı küçük bir kasede çırpın.
ı) Açıkta kalan hamur kabuğunun üzerine bir hamur fırçasıyla fırçalayın.
i) Biraz kaba şeker serpin.

PİŞMEK:
j) Fırının orta rafına yerleştirin. 190°C'de (375°F) 40-50 dakika, kabuk hafifçe kızarıncaya ve dolgu kabarcıklanıncaya kadar pişirin.
k) Servis yapmadan önce bir saat boyunca rafta soğutun.

16. Crème Fraîche'li Rustik Elmalı Vişne Galette

İÇİNDEKİLER:
KABUK:
- 1½ su bardağı çok amaçlı un
- ½ çay kaşığı tuz
- ½ bardak tuzsuz tereyağı (1 çubuk), ½ inçlik parçalar halinde kesilmiş, soğutulmuş
- 4 yemek kaşığı buzlu su (yaklaşık)

DOLGU:
- 1 yemek kaşığı tuzsuz tereyağı
- 1½ pound turta yeşil elma, soyulmuş, çekirdekleri çıkarılmış, 8 dilime kesilmiş
- 4 yemek kaşığı şeker
- ¼ bardak kurutulmuş tart kiraz (yaklaşık 2 ons)
- 2¾ çay kaşığı öğütülmüş tarçın

KARAMEL SOSU:
- 1 bardak krema fraîche veya ekşi krema
- 1½ su bardağı şeker
- ½ bardak su
- 3 yemek kaşığı tuzsuz tereyağı
- 1 su bardağı krem şanti

TALİMATLAR:
KABUĞU İÇİN:
a) Bir mutfak robotunda un ve tuzu karıştırın. Soğutulmuş tereyağını ekleyin ve karışım iri bir öğüne benzeyene kadar işleyin.
b) 3 yemek kaşığı buzlu su ekleyin ve nemli topaklar oluşana kadar işlem yapın, eğer hamur kuruysa çay kaşığı kadar daha fazla su ekleyin.
c) Hamuru bir top haline getirin, bir disk şeklinde düzleştirin, plastiğe sarın ve 30 dakika soğutun.

DOLGU İÇİN:
ç) Orta ateşte büyük yapışmaz tavada tereyağını eritin.
d) Elmaları tavaya ekleyin ve üzerine 3 yemek kaşığı şeker serpin.
e) Elmalar altın rengi olana ve yumuşamaya başlayana kadar yaklaşık 8 dakika soteleyin.

f) Kurutulmuş kirazları ve tarçını ekleyin, 30 saniye karıştırın, ardından ocaktan alın ve tamamen soğumasını bekleyin.

GALET İÇİN:
g) Fırını önceden 350°F'ye ısıtın.
ğ) Hamuru unlanmış bir yüzeyde 12 inçlik bir daireye kadar açın.
h) Yardım olarak 9 inç çapındaki tart tava tabanını kullanarak hamuru çerçevesiz bir fırın tepsisine aktarın.
ı) Elma karışımını hamurun üzerine 3 inçlik bir kenarlık bırakarak düzenleyin. Hamurun kenarını elma karışımının üzerine katlayın, hamurdaki çatlakları kapatmak için sıkıştırın.
i) Kalan 1 yemek kaşığı şekeri elmalı karışımın ve hamurun kenarına serpin.
j) Galetteyi 15 dakika pişirin. Fırın sıcaklığını 375°F'a yükseltin ve kabuk kenarlarda hafif altın rengi olana ve elmalar yumuşayana kadar yaklaşık 35 dakika daha pişirmeye devam edin.
k) Tart tepsisinin tabanını yardımcı olarak kullanarak galetteyi bir rafa aktarın ve 15 dakika soğumaya bırakın.
l) Crème fraîche ve Karamel Sos ile sıcak olarak servis yapın.

KARAMEL SOSU İÇİN:
m) , büyük bir tencerede şekeri ve ½ bardak suyu orta-düşük ateşte şeker eriyene kadar karıştırın.
n) Isıyı artırın ve şurup koyu kehribar rengine dönene kadar karıştırmadan kaynatın, ara sıra suya batırılmış bir hamur fırçasıyla tavanın kenarlarını fırçalayın ve yaklaşık 12 dakika boyunca tavayı döndürün.
o) Ateşten alın, tereyağını çırpın ve yavaş yavaş kremayı ekleyin (karışım kuvvetlice kabarcıklanacaktır).
ö) Servis yapmadan önce pürüzsüz hale gelinceye kadar kısık ateşte karıştırın ve ılık hale gelinceye kadar soğutun.
p) Karamel Sos 2 gün önceden yapılabilir. Örtün ve soğutun.
r) Kısık ateşte ara sıra karıştırarak yeniden ısıtın.

17. Karamelli ve Bademli Elmalı Krem Peynirli Galette

İÇİNDEKİLER:

- 2 elma
- 1 paket yufka
- 1 paket krem peynir
- 1 paket file badem
- ½ paket Karamel Sos
- 1 yemek kaşığı esmer şeker
- ¼ çay kaşığı tarçın
- 40 gr tereyağı

TALİMATLAR:

a) Fırını fan gücüyle 220°C/200°C'ye önceden ısıtın.
b) Elmaları ince ince dilimleyin.
c) Orta boy bir kapta elma, esmer şeker ve tarçını birleştirin. Ceketini fırlat.
ç) Küçük, ısıya dayanıklı bir kapta, tereyağını mikrodalgada 10 saniyelik patlamalarla eritin.
d) Her yufka yaprağını eritilmiş tereyağıyla yağlayın.
e) Filo yapraklarını astarlı bir fırın tepsisine üst üste gelecek şekilde düz olarak yerleştirin.
f) Krem peyniri üzerine yayın ve kenarlarında 4 cm'lik kenarlık bırakarak elma dilimlerini üstüne koyun.
g) Hamurun kenarlarını dikkatlice elmanın üzerine katlayın ve ortasını açıkta bırakın.
ğ) Kalan tereyağını hamurun kenarlarını fırçalayın.
h) Galetteyi en alt fırın rafında, hamur altın rengi oluncaya kadar, 20-25 dakika pişirin.
ı) Pişirmenin son 5 dakikasında üzerine file badem serpin.
i) isteğe göre galettenin üzerine gezdirin.
j) Galetteyi dilimleyin.
k) Servis tabağına aktarın.

18. Karışık Berry ve Earl Grey Galette

İÇİNDEKİLER:
KABUĞU İÇİN:
- 1 su bardağı Pamela'nın Fındık Unu Karışımı
- ½ bardak Pamela'nın Çok Amaçlı Pişirme Unu
- ½ bardak tapyoka unu
- 1 yemek kaşığı toz şeker, ayrıca hamurun üzerine serpmek için daha fazlası
- ½ çay kaşığı koşer tuzu
- 8 yemek kaşığı çok soğuk tereyağı, küp şeklinde
- 1 büyük yumurta

KARIŞIK BERRY & ERL GREY DOLGU İÇİN:
- ¾ bardak tam yağlı sütlü ricotta
- 1 çay kaşığı portakal kabuğu rendesi
- ⅛ çay kaşığı Earl Grey çayı (bir çay poşetini keserek açın ve çayı çıkarın)
- 1 ½ su bardağı dilimlenmiş çilek
- ⅓ su bardağı şeker
- 1 vanilya çekirdeği ikiye bölünmüş, tohumları kazınmış veya 1 yemek kaşığı vanilya çekirdeği ezmesi
- 1 dolu bardak ahududu

MONTAJ İÇİN:
- 1 yumurta
- 1 yemek kaşığı su

HİZMET ETMEK:
- İsteğe göre pudra şekeri
- Vanilyalı dondurma, isteğe bağlı

TALİMATLAR:
KABUK YAPMAK İÇİN:
a) İlk 6 malzemeyi "S" bıçağı takılı bir mutfak robotunda birleştirin. Tereyağı eklenene ve karışım grenli görünene kadar birleştirmek için darbe uygulayın. Yumurtayı mutfak robotuna ekleyin ve tamamen karışana kadar nabız atın. Hamurun nemini bir miktar toplayıp birbirine bastırarak test edin. Çok kuruysa bir çorba kaşığı su ekleyin ve tekrar nabız atın.

b) Hamuru plastik ambalajın üzerine yerleştirin ve yuvarlak bir disk haline getirin. Sıkıca sarın ve 1 saat veya bir geceye kadar buzdolabında saklayın.

DOLGUSUNU YAPMAK İÇİN:

c) Gece boyunca buzdolabında bekletilirse hamurun tezgahta biraz ısınmasına izin verin. Küçük bir kapta ricotta, portakal kabuğu rendesi ve çayı birleştirin.

ç) Başka bir kapta dilimlenmiş çilekleri, şekeri ve vanilya fasulyesini birleştirin; iyice karıştırın.

GALETİ MONTAJI:

d) Fırını önceden 400°F'ye ısıtın ve bir fırın tepsisini parşömenle kaplayın.

e) Hamuru parşömen kağıtları arasında ince bir daire şeklinde açın. Ricotta karışımını hamurun üzerine kenar kalacak şekilde yayın. Üstüne şekerli çilek ve ahududu ekleyin.

f) Hamurun kenarlarını yavaşça dolgunun üzerine katlayarak bir kabuk oluşturun. Kenarlarını yumurta sarısıyla fırçalayın ve üzerine şeker serpin.

g) Galetteyi 10-15 dakika dondurucuya koyun . 400°F'de 10 dakika pişirin, ardından sıcaklığı 350°F'ye düşürün ve altın kahverengi olana kadar 25 dakika daha pişirin.

ğ) galettenin 15-20 dakika soğumasını bekleyin .

h) Ilık veya oda sıcaklığında, isteğe göre üzerine pudra şekeri serperek ve bir kepçe dondurma eşliğinde servis yapın. Eğlence!

19.Ahududu ve Limonlu Galette

İÇİNDEKİLER:
- 1 yaprak mağazadan satın alınan puf böreği, çözülmüş
- 1 su bardağı taze ahududu
- 1 limon kabuğu rendesi ve
- 2 yemek kaşığı limon suyu
- 1/4 su bardağı toz şeker
- 1 yemek kaşığı mısır nişastası
- 1 yumurta, çırpılmış (yumurta yıkamak için)
- Üzerine serpmek için pudra şekeri (isteğe bağlı)

TALİMATLAR:
a) Fırınınızı önceden 375°F'ye (190°C) ısıtın ve fırın tepsisini parşömen kağıdıyla kaplayın.
b) Bir kapta taze ahududu, limon kabuğu rendesi, limon suyu, toz şeker ve mısır nişastasını birleştirin. Ahududular eşit şekilde kaplanana kadar yavaşça fırlatın.
c) Çözülmüş puf böreği tabakasını hafifçe unlanmış bir yüzey üzerinde yaklaşık 12 inç çapında kaba bir daire şeklinde açın.
ç) Açılan puf böreğini hazırlanan fırın tepsisine aktarın.
d) Ahududu karışımını puf böreğinin ortasına, kenarlarda yaklaşık 2 inçlik bir kenarlık kalacak şekilde kaşıkla dökün.
e) galette şekli oluşturmak için puf böreğinin kenarlarını ahududuların üzerine katlayın ve gerektiği kadar katlayın.
f) Piştiğinde altın rengini vermek için hamurun kenarlarını çırpılmış yumurta ile fırçalayın.
g) Önceden ısıtılmış fırında 25-30 dakika veya hamur işi altın rengi kahverengi olana ve ahududular köpürene kadar pişirin.
ğ) Fırından çıkarın ve servis etmeden önce galettenin biraz soğumasını bekleyin.
h) İsteğe göre servis yapmadan önce üzerine pudra şekeri serpebilirsiniz.
ı) Lezzetli Ahududu ve Limon Galette'nizi dilimleyin ve tadını çıkarın!

20.Yaban Mersini ve Lavanta Galette

İÇİNDEKİLER:
- 1 yaprak mağazadan satın alınan puf böreği, çözülmüş
- 2 su bardağı taze yaban mersini
- 1 yemek kaşığı mutfak lavanta tomurcukları
- 1 limon kabuğu rendesi ve
- 2 yemek kaşığı limon suyu
- 1/4 su bardağı toz şeker
- 1 yemek kaşığı mısır nişastası
- 1 yumurta, çırpılmış (yumurta yıkamak için)
- Üzerine serpmek için pudra şekeri (isteğe bağlı)

TALİMATLAR:
a) Fırınınızı önceden 375°F'ye (190°C) ısıtın ve fırın tepsisini parşömen kağıdıyla kaplayın.
b) Bir kapta taze yaban mersini, lavanta tomurcuklarını, limon kabuğu rendesini, limon suyunu, toz şekeri ve mısır nişastasını birleştirin. Yaban mersinleri eşit şekilde kaplanana kadar yavaşça fırlatın.
c) Çözülmüş puf böreği tabakasını hafifçe unlanmış bir yüzey üzerinde yaklaşık 12 inç çapında kaba bir daire şeklinde açın.
ç) Açılan puf böreğini hazırlanan fırın tepsisine aktarın.
d) Yaban mersinli karışımını puf böreğinin ortasına kaşıkla dökün ve kenarlarda yaklaşık 2 inçlik bir kenarlık bırakın.
e) galette şekli oluşturmak için puf böreğinin kenarlarını yaban mersini üzerine katlayın ve gerektiği kadar katlayın.
f) Piştiğinde altın rengini vermek için hamurun kenarlarını çırpılmış yumurta ile fırçalayın.
g) Önceden ısıtılmış fırında 25-30 dakika veya hamur işi altın rengi kahverengi olana ve yaban mersinleri köpürene kadar pişirin.
ğ) Fırından çıkarın ve servis etmeden önce galettenin biraz soğumasını bekleyin.
h) İsteğe göre servis yapmadan önce üzerine pudra şekeri serpebilirsiniz.

21.Vişneli ve Bademli Galette

İÇİNDEKİLER:

- 1 yaprak mağazadan satın alınan puf böreği, çözülmüş
- 2 su bardağı taze kiraz, çekirdekleri çıkarılmış ve yarıya bölünmüş
- 1/4 su bardağı toz şeker
- 1 yemek kaşığı mısır nişastası
- 1/2 çay kaşığı badem özü
- 1/4 su bardağı badem unu
- 1 yumurta, çırpılmış (yumurta yıkamak için)
- Süslemek için dilimlenmiş badem (isteğe bağlı)
- Üzerine serpmek için pudra şekeri (isteğe bağlı)

TALİMATLAR:

a) Fırınınızı önceden 375°F'ye (190°C) ısıtın ve fırın tepsisini parşömen kağıdıyla kaplayın.
b) Bir kapta taze kirazları, toz şekeri, mısır nişastasını ve badem özünü birleştirin. Kirazlar eşit şekilde kaplanana kadar yavaşça fırlatın.
c) Çözülmüş puf böreği tabakasını hafifçe unlanmış bir yüzey üzerinde yaklaşık 12 inç çapında kaba bir daire şeklinde açın.
ç) Açılan puf böreğini hazırlanan fırın tepsisine aktarın.
d) Badem ununu puf böreğinin ortasına eşit şekilde serpin ve kenarlarda yaklaşık 2 inçlik bir kenarlık bırakın.
e) Vişne karışımını badem unu tabakasının üzerine yerleştirin.
f) galette şekli oluşturmak için puf böreğinin kenarlarını kirazların üzerine katlayın ve gerektiği kadar katlayın.
g) Piştiğinde altın rengini vermek için hamurun kenarlarını çırpılmış yumurta ile fırçalayın. İstenirse, açıkta kalan kirazların üzerine dilimlenmiş badem serpin.
ğ) Önceden ısıtılmış fırında 25-30 dakika veya hamur işi altın rengi kahverengi olana ve kirazlar köpürene kadar pişirin.
h) Fırından çıkarın ve servis etmeden önce galettenin biraz soğumasını bekleyin.
ı) İsteğe göre servis yapmadan önce üzerine pudra şekeri serpebilirsiniz.
i) Lezzetli Vişneli ve Bademli Galette'nizi dilimleyin ve tadını çıkarın!

22.Böğürtlen ve Nane Galette

İÇİNDEKİLER:

- 1 yaprak mağazadan satın alınan puf böreği, çözülmüş
- 2 su bardağı taze böğürtlen
- 1/4 su bardağı toz şeker
- 1 yemek kaşığı mısır nişastası
- 1 limon kabuğu rendesi ve
- 2 yemek kaşığı doğranmış taze nane yaprağı
- 1 yemek kaşığı limon suyu
- 1 yumurta, çırpılmış (yumurta yıkamak için)
- Üzerine serpmek için pudra şekeri (isteğe bağlı)

TALİMATLAR:

a) Fırınınızı önceden 375°F'ye (190°C) ısıtın ve fırın tepsisini parşömen kağıdıyla kaplayın.

b) Bir kapta taze böğürtlen, toz şeker, mısır nişastası, limon kabuğu rendesi, doğranmış taze nane yaprakları ve limon suyunu birleştirin. Böğürtlenler eşit şekilde kaplanana kadar yavaşça fırlatın.

c) Çözülmüş puf böreği tabakasını hafifçe unlanmış bir yüzey üzerinde yaklaşık 12 inç çapında kaba bir daire şeklinde açın.

ç) Açılan puf böreğini hazırlanan fırın tepsisine aktarın.

d) Böğürtlen karışımını puf böreğinin ortasına dökün ve kenarlarda yaklaşık 2 inçlik bir kenarlık bırakın.

e) galette şekli oluşturmak için puf böreğinin kenarlarını böğürtlenlerin üzerine katlayın ve gerektiği kadar katlayın.

f) Piştiğinde altın rengini vermek için hamurun kenarlarını çırpılmış yumurta ile fırçalayın.

g) Önceden ısıtılmış fırında 25-30 dakika veya hamur işi altın rengi kahverengi olana ve böğürtlenler köpürene kadar pişirin.

ğ) Fırından çıkarın ve servis etmeden önce galettenin biraz soğumasını bekleyin.

h) İsteğe göre servis yapmadan önce üzerine pudra şekeri serpebilirsiniz.

SEBZE GALETLERİ

23.Balkabagi ve Elmalı Galette

İÇİNDEKİLER:

- 1 ½ su bardağı kepekli un
- 6-8 adaçayı yaprağı
- ¼ su bardağı soğuk su
- 6 yemek kaşığı hindistan cevizi yağı
- Deniz tuzu

DOLGU İÇİN:

- 1 yemek kaşığı zeytinyağı
- ¼ kırmızı soğan, ince dilimlenmiş
- 1 yemek kaşığı adaçayı yaprağı
- ½ kırmızı elma, çok ince dilimlenmiş
- ¼ balkabağı, kabuğu çıkarılmış ve çok ince dilimlenmiş
- 1 yemek kaşığı hindistancevizi yağı, bölünmüş ve üzeri için ayrılmış
- 2 yemek kaşığı adaçayı, üzeri için ayrılmış
- Deniz tuzu

TALİMATLAR:

a) Fırınınızı 350° F'ye önceden ısıtın.

b) tuzunu ve adaçayı yapraklarını öğütücüye ekleyerek hamuru hazırlayın. Yavaş yavaş hindistancevizi yağını ve suyu ekleyin ve düzenli aralıklarla nabız atarak unun içine yavaşça karışmasını sağlayın. Yalnızca bileşenler entegre olana kadar (30 saniye kadar) yeterli miktarda darbe uygulayın.

c) Bu arada dolguyu yapın. Orta-yüksek ateşte küçük bir tavada zeytinyağını ısıtın. Soğanları, bir tutam tuzu ve bir çay kaşığı adaçayı yaprağını ekleyip 5 dakika kadar soteleyin. Hamurunuzu yaklaşık ¼ inç kalınlığında bir daire şeklinde açarken bunu bir kenara koyun.

ç) Kabak ve elmaları küçük bir kasede biraz zeytinyağı ve deniz tuzu ile karıştırın. Soğanların üzerine kabak ve elma dilimlerini ekleyin (resimde gördüğünüz gibi).

d) Kabuğun kenarlarını kabağın dış kenarlarının üzerine yavaşça katlayın. Adaçayı yapraklarıyla birlikte galetin üzerine küçük hindistancevizi yağı parçaları ekleyin ve fırında 20-25 dakika veya kabuk pul pul dökülene ve kabak tamamen pişene kadar pişirin.

24.Kırmızı Biber ve Fırında Yumurta Galetteleri

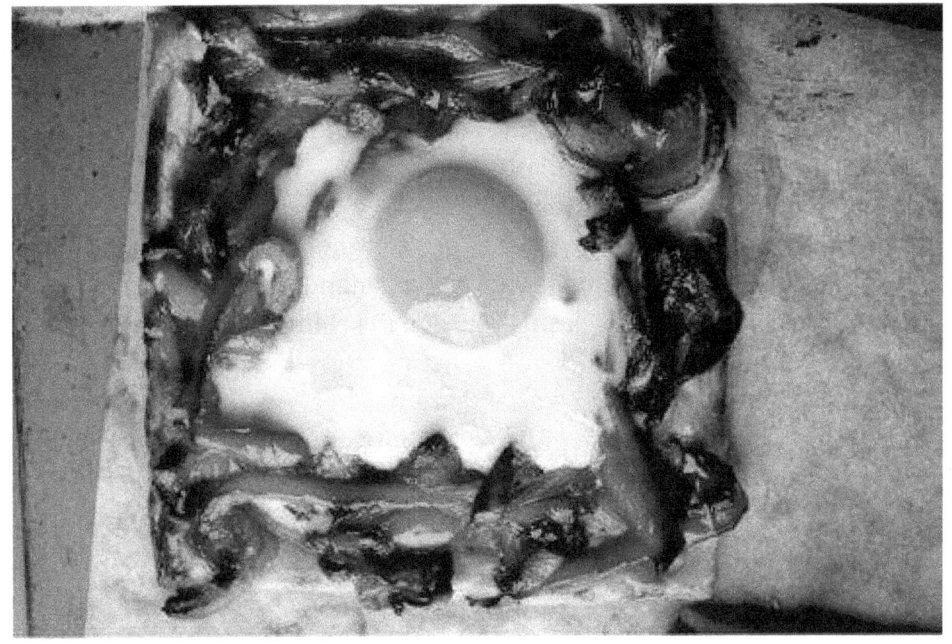

İÇİNDEKİLER:

- 4 orta boy kırmızı biber, ikiye bölünmüş, çekirdekleri çıkarılmış ve ⅜ inç / 1 cm genişliğinde şeritler halinde kesilmiş
- 3 küçük soğan, ikiye bölünmüş ve ¾ inç / 2 cm genişliğinde dilimler halinde kesilmiş
- 4 dal kekik, yaprakları toplanmış ve doğranmış
- 1½ çay kaşığı öğütülmüş kişniş
- 1½ çay kaşığı öğütülmüş kimyon
- 6 yemek kaşığı zeytinyağı, artı bitirmek için ekstra
- 1½ yemek kaşığı düz yapraklı maydanoz yaprağı, iri kıyılmış
- 1½ yemek kaşığı kişniş yaprağı, iri kıyılmış
- 9 ons / 250 g en kaliteli, tamamen tereyağlı puf böreği
- 2 yemek kaşığı / 30 gr ekşi krema
- 4 büyük serbest gezinen yumurta (veya 5½ ons / 160 g beyaz peynir, ufalanmış) artı 1 yumurta, hafifçe dövülmüş
- tuz ve taze çekilmiş karabiber

TALİMATLAR:

a) Fırını önceden 400°F / 210°C'ye ısıtın. Büyük bir kapta biberleri, soğanları, kekik yapraklarını, öğütülmüş baharatları, zeytinyağını ve bir tutam tuzu karıştırın. Bir kızartma tavasına yayıp, pişirme sırasında birkaç kez karıştırarak 35 dakika kızartın. Sebzeler yumuşak ve tatlı olmalı, ancak fazla gevrek veya kahverengi olmamalıdır, çünkü daha fazla pişeceklerdir. Fırından çıkarın ve taze otların yarısını ekleyip karıştırın. Baharat için tadın ve bir kenara koyun. Fırını 425°F / 220°C'ye kadar açın.

b) Hafifçe unlanmış bir yüzeyde, puf hamurunu yaklaşık ⅛ inç / 3 mm kalınlığında 12 inç / 30 cm'lik bir kare halinde açın ve dört adet 6 inç / 15 cm'lik kareye kesin. Karelerin her yerine çatalla delikler açın ve parşömen kağıdıyla kaplı bir fırın tepsisine aralıklı olarak yerleştirin. En az 30 dakika buzdolabında dinlenmeye bırakın.

c) Hamuru buzdolabından çıkarın ve üstüne ve yanlarına çırpılmış yumurta sürün. Bir spatula veya kaşığın arkasını kullanarak, her kareye 1½ çay kaşığı ekşi krema sürün ve kenarlarda 0,5 cm'lik bir kenarlık bırakın. Ekşi krema kaplı karelerin üzerine 3 yemek kaşığı biber karışımını kenarları açık kalacak şekilde düzenleyin. Oldukça eşit bir şekilde yayılmalı, ancak daha sonra yumurtayı tutabilmek için ortada sığ bir çukur bırakılmalıdır.

ç) Galetleri 14 dakika pişirin. Fırın tepsisini fırından çıkarın ve her bir hamur işinin ortasındaki kuyuya bir bütün yumurtayı dikkatlice kırın. Fırına dönün ve yumurtalar pişene kadar 7 dakika daha pişirin. Karabiber ve kalan otları serpin ve üzerine yağ gezdirin. Hemen servis yapın.

25. Kuşkonmaz, Prosciutto ve Keçi Peynirli Galetteler

İÇİNDEKİLER:
- 2 orta boy soğan, doğranmış
- 1 yemek kaşığı zeytinyağı
- 1 yemek kaşığı tuzsuz tereyağı
- ½ pound ince kuşkonmaz (yaklaşık 15 mızrak, ¼ ila ½ inç kalınlığında), kesilmiş
- 2 Galette turu (tarifi aşağıdadır), pişmiş
- ¼ pound ince dilimlenmiş prosciutto, ince dilimler halinde çapraz olarak kesilmiş
- ⅓ bardak yumuşak, hafif keçi peyniri (yaklaşık 4 ons), oda sıcaklığında
- ¼ bardak süt
- ¾ çubuk (6 yemek kaşığı) tuzsuz tereyağı, eritilmiş ve soğutulmuş
- 3 büyük yumurta sarısı
- 1 büyük bütün yumurta
- 2 fincan çok amaçlı un
- 1¾ çay kaşığı tuz
- 3 yemek kaşığı doğranmış taze frenk soğanı

TALİMATLAR:
a) Bir tavada, soğanları yağ ve tereyağında, tuz ve karabiberle birlikte orta dereccde düşük ateşte 15 dakika veya altın rengi oluncaya kadar pişirin. Soğanları soğuması için bir kaseye aktarın.

b) Büyük bir kase buz ve soğuk su hazırlayın. Kuşkonmazı çapraz olarak ½ inçlik parçalar halinde kesin ve büyük bir tencerede kaynayan tuzlu suda 3 ila 5 dakika veya yumuşayana kadar pişirin. Kuşkonmazı bir kevgir içine boşaltın ve pişmeyi durdurmak için bir kase buz ve soğuk suya aktarın. Kuşkonmazı sudan çıkarın ve kurulayın.

c) Fırını önceden 400°F'ye ısıtın.

ç) Soğanları galette yuvarlaklarının üzerine eşit şekilde yayın ve üzerine prosciutto, kuşkonmaz ve keçi peyniri ekleyin. Galetteleri fırının ortasında bir fırın tepsisinde yaklaşık 15 dakika veya üstleri hafifçe kızarana kadar pişirin . Galetteleri bir rafa aktarın ve soğumaya bırakın.

d) Galetteleri dilimler halinde keserek oda sıcaklığında servis edin .

GALETTE YUVARLAKLAR:

e) Bir kasede sütü, tereyağını, yumurta sarısını ve yumurtanın tamamını çırpın. Başka bir kapta un, tuz ve frenk soğanını çırpın ve süt karışımına birleşene kadar karıştırın.

f) Hafifçe unlanmış bir yüzeyde, unlu ellerle hamuru yaklaşık 8 kez veya pürüzsüz hale gelinceye kadar yoğurun. Hamuru plastik ambalaja sarın ve bir saat kadar soğutun.

g) Fırını önceden 450°F'ye ısıtın.

ğ) Hamuru 4 parçaya bölün. Hafifçe unlanmış bir yüzeyde, unlanmış bir oklava ile her parçayı 8 inçlik bir yuvarlak halinde açın. Turları 2 fırın tepsisine aktarın ve kenarlarını dekoratif olarak kıvırın. Hamuru 10 dakika soğutun ve fırının orta ve alt üçte birinde yaklaşık 5 dakika veya altın rengi kahverengi olana kadar pişirin. Galetteleri raflara aktarın ve tamamen soğumalarını bekleyin. Galetler 1 gün önceden yapılıp ağzı kapatılabilen plastik poşet içerisinde oda sıcaklığında muhafaza edilebilir.

26. Patlıcan ve Domates Galette

İÇİNDEKİLER:

- 17¼ ons dondurulmuş puf böreği
- 2 patlıcan
- Tuz
- 5 erik domates
- 15 ons ricotta peyniri
- 2 çay kaşığı sarımsak
- 6 yemek kaşığı fesleğen
- 2 çay kaşığı biberiye
- 1 yemek kaşığı kekik
- ¼ çay kaşığı ezilmiş kırmızı biber gevreği
- Karabiber
- 12 ons mozzarella peyniri
- 2 yemek kaşığı zeytinyağı
- ½ su bardağı parmesan peyniri
- Süslemek için fesleğen yaprakları

TALİMATLAR:

a) , çerçevesiz bir fırın tepsisine aktarın . Suya batırılmış bir hamur fırçası kullanarak, karenin her tarafı boyunca 1 inçlik bir kenarlık fırçalayın. Hamurun kenarlarını 1 "olarak yuvarlayın ve yaklaşık ½" yüksekliğinde duran bir kenar oluşturacak şekilde sıkıştırın. Her köşede biraz fazla hamur olacak; top şekline bastırın. Kenarda bir desen oluşturmak için bıçağın arkasını kullanın. İkinci sayfa ile tekrarlayın. Sertleşene kadar soğutun, yaklaşık 30 dakika. Bu bir gün öncesine kadar hazırlanabilir. Plastik ambalajla sıkıca örtün ve soğutun.

b) Patlıcan dilimlerini bir fırın tepsisine yerleştirin ve üzerine bolca tuz serpin. 30 dakika bekletin. Bir kevgir içine koyun ve soğuk akan su altında durulayın. Drenaj yapın ve kurulayın. Domates dilimlerini süzülmesi için kağıt havluların üzerine koyun.

c) Ricotta, sarımsak, otlar, kırmızı pul biber, ¼ çay kaşığı tuz ve karabiberi damak tadınıza göre karıştırın. Her bir hamur kabuğunun üzerine peynir karışımının yarısını yayın.

ç) Mozarella peynirini serpin. Bu , bu noktadan 4 ila 5 saat önce hazırlanabilir . Örtün ve soğutun.

d) Fırını önceden 425°F'ye ısıtın. Her bir milföy karesinin üzerine patlıcan dilimlerini hafifçe üst üste gelecek şekilde yerleştirin ve ardından hafifçe üst üste bindirilmiş domates dilimlerini yerleştirin. Her galettenin üzerine yaklaşık 1-2 yemek kaşığı zeytinyağı gezdirin ve üzerine Parmesan peyniri serpin.

e) Fırının alt kısmında, kabuk zengin bir koyu altın rengi kahverengi olana ve sebzeler yumuşayana kadar yaklaşık 40 dakika pişirin. 2-3 dakika boyunca soğutma rafına çıkarın. Fesleğen yapraklarıyla süsleyin. Her bir galetteyi 16 kareye kesip sıcak olarak servis yapın.

27.Patates Pırasalı Galette

İÇİNDEKİLER:
- 500 gram jülyen doğranmış pırasa
- 1 yemek kaşığı margarin veya tereyağı
- 2 yemek kaşığı su
- 500 gram haşlanmış patates (bir gün önceden kabuğuyla haşlanmış), soyulmuş ve rendelenmiş
- 2 yumurta
- ¾ çay kaşığı tuz
- 1 tutam hindistan cevizi
- zevkinize biber
- Kızartmak için sıvı yağ veya tereyağı

TALİMATLAR:
a) Margarini veya tereyağını derin bir tavada ısıtın ve jülyen doğranmış pırasayı ekleyin. Suyu ekleyip pırasalar yumuşayıncaya kadar buharda pişirin.

b) Bir kapta rendelenmiş patatesleri, yumurtaları, tuzu, karabiberi ve hindistan cevizini karıştırın.

c) Haşlanmış pırasaları patatesli karışıma ekleyin. Karışımdan bir seferde büyük bir kaşık alın ve küçük yuvarlak galetler (yaklaşık burger boyutu ve şekli) oluşturacak şekilde kızartma tavasında düzleştirin.

ç) Galetteleri her iki tarafı da altın rengi oluncaya kadar kızartın.

d) pırasa galetlerini mevsim salatasıyla birlikte servis edin.

28. İsviçre Pazı Beyaz Peynirli ve Çam Fıstıklı Galette

İÇİNDEKİLER:
- ¼ bardak kuş üzümü
- 1 soğan, doğranmış
- 2 diş sarımsak, kıyılmış
- 1 büyük demet pazı veya ıspanak
- ½ fincan beyaz peynir
- 2 yemek kaşığı çam fıstığı (veya kıyılmış badem veya ceviz)
- Deniz tuzu ve karabiber
- 2 yumurta, çırpılmış (1 yemek kaşığı ayrılmış)
- Hamur işi

TALİMATLAR:
DOLGUNUN HAZIRLANMASI:
a) Yeşilliklerin saplarını çıkarın. Saplarını kereviz gibi doğrayın. Yaprakları kabaca doğrayın.
b) büyük bir tavada soğanı zeytinyağında yumuşayana kadar soteleyin.
c) Sarımsak ve doğranmış sapları ekleyip 2-3 dakika pişirin.
ç) Kıyılmış yeşillikleri ekleyin ve iyice karıştırın. Yumuşak oluncaya kadar pişirin (yaklaşık 5 dakika).
d) Tahta kaşığın arkasıyla fazla nemi bastırın. Tuz ve karabiberle tatlandırın. Karışımı bir kaseye kazıyın ve kuş üzümü ve fındıkları ekleyin. Hazırlanan hamurun üzerine kaşıkla koymadan hemen önce beyaz peynir ve yumurtayı ekleyin.

GALETTE MONTAJI İÇİN:
e) Fırını 375 F'ye önceden ısıtın
f) Hafifçe unlanmış bir yüzeyde hamuru yaklaşık ¼ inç kalınlığında kaba bir daire şeklinde yuvarlayın. Parşömen kaplı bir fırın tepsisine aktarın (galette sızıntısı olması durumunda yan sayfa en iyisidir).
g) Hamurun üzerine 2-3 inç kenarlık bırakarak dolguyu kazın. Kenarlığı yavaşça dolgunun üzerine katlayın, gerektiğinde hamurun üzerine gelecek şekilde.
ğ) Hamur işinin üstünü ayrılmış yumurta ile fırçalayın.
h) Hamur işi altın rengi görünene ve dolgu sert görünene kadar 45 dakikadan bir saate kadar pişirin. Son 15 dakika boyunca hamur çok fazla kızarırsa folyoyla gevşek bir şekilde örtün . Kesmeden önce 10 dakika soğumaya bırakın.
ı) Sıcak veya oda sıcaklığında servis yapın.

29.Mantar Soslu Mantar ve Kereviz Kökü Galette

İÇİNDEKİLER:
DOLGU İÇİN:
- 1 küçük kereviz kökü (¾ pound)
- 2 orta boy pırasa
- 1 pound beyaz mantar
- 3 yemek kaşığı zeytinyağı
- 1 büyük soğan, ince doğranmış
- 1 limon, ikiye bölünmüş
- ½ çay kaşığı kurutulmuş tarhun
- Tatmak için tuz ve taze çekilmiş karabiber
- 2 orta boy sarımsak, kıyılmış
- ¼ bardak taze düz yapraklı maydanoz, doğranmış, ayrıca garnitür için daha fazlası

MANTAR SOSU İÇİN:
- ½ bardak creme fraiche veya ekşi krema
- 2 yemek kaşığı taze rendelenmiş Parmesan veya Asiago peyniri
- Mantar sosu

MANTAR SOSU İÇİN:
- Mantar beyaz mantarlardan kaynaklanıyor
- Kereviz kökü artıkları
- Pırasa artıkları
- 2 yemek kaşığı zeytinyağı
- 1 küçük soğan, doğranmış
- 1 diş sarımsak, doğranmış
- 1 su bardağı tavuk veya sebze suyu
- ½ bardak beyaz şarap
- Tatmak için biber ve tuz

HAMUR İÇİN:
- Mayalı Hamur veya Turta Hamuru

EK OLARAK:
- 1 büyük yumurta, dövülmüş

TALİMATLAR:
MANTAR SOSU İÇİN:

a) Büyük, tepkimeye girmeyen bir tavada, 2 yemek kaşığı zeytinyağını kısık ateşte ısıtın.
b) Delikli bir kaşık kullanarak doğranmış kereviz kökünü tavaya aktarın. Doğranmış pırasa ve soğanı ekleyin.
c) Sebzelerin üzerine yarım limon sıkın, tarhun ekleyin ve sıvı buharlaşıncaya ve sebzeler yumuşayıp kahverengileşmeye başlayıncaya kadar pişirin (yaklaşık 12 dakika). Tuz ve karabiberle tatlandırın.
ç) Karışımı reaksiyona girmeyen bir kaba aktarın.
d) Aynı tavada kalan 1 yemek kaşığı yağı yüksek ateşte ısıtın. Mantarları yağla kaplanana kadar karıştırın, ardından kalan limonun yarısını üzerlerine sıkın. Mantarlar renk almaya başlayıncaya kadar (yaklaşık 2 dakika) pişirin.
e) Maydanoz, tuz ve karabiberle tatlandırın. Ateşten alın ve kereviz kökü karışımını ekleyip karıştırın. Yarım bardak hazırlanmış Mantar Sosunu, kremayı ve Parmesan'ı ekleyin.

GALET İÇİN:
f) Fırını 375 dereceye kadar önceden ısıtın.
g) galette hamurunu 14 inçlik bir yuvarlak halinde açın . (Alternatif olarak, hamuru 4 eşit parçaya bölün ve 8 inçlik yuvarlaklar halinde yuvarlayın.)
ğ) Dolguyu hamurun üzerine yayın ve 2 inçlik bir kenarlık bırakın. Hamurun kenarını katlayın ve katlayın.
h) Hamuru çırpılmış yumurta ile yağlayın.
ı) Galetteyi altın rengi olana kadar pişirin , Mayalı Hamur için yaklaşık 30 dakika ve Turta Hamuru için 40 dakika.

HİZMET İÇİN:
i) Galettenin üzerine ¼ bardak Mantar Sosunu dökün .
j) Kıyılmış maydanozla süsleyin.
k) Galetteyi dilimler halinde kesin ve her birinin üzerine sosun bir kısmını kaşıklayın.

MANTAR SOSU İÇİN:
l) Büyük bir tencerede 2 yemek kaşığı zeytinyağını ısıtın.

m) Mantar saplarını, kereviz kökünü, pırasa parçalarını, soğanı ve sarımsağı ekleyin. Sebzeler yumuşayana kadar soteleyin.
n) Tavuk veya sebze suyunu ve beyaz şarabı dökün. Tuz ve karabiberle tatlandırın.
o) Karışımı yaklaşık 20 dakika kaynatın, ardından süzün ve katıları atın.
ö) Sıvıyı tencereye geri koyun ve azalıp koyulaşana kadar pişirin.
p) Gerekirse baharatı ayarlayın.
r) Bu Mantar Sosunu yukarıda anlatıldığı gibi galette dolgusunda kullanın.

30.Patates ve Mantarlı Galette

İÇİNDEKİLER:

- 1 kiloluk çeşitli yabani mantarlar
- 1½ yemek kaşığı tereyağı
- 2½ yemek kaşığı kanola yağı
- Tatmak için tuz
- ½ çay kaşığı biber
- 2½ pound çok amaçlı patates
- 1½ yemek kaşığı sızma zeytinyağı

TALİMATLAR:

a) Mantarları soğuk suyla iyice durulayın. Mantarları sudan alıp güzelce süzün. Mantarları yarım santim kalınlığında dilimleyin.

b) Büyük yapışmaz bir tavada tereyağını 1 yemek kaşığı kanola yağıyla eritin. Mantarları, yarım çay kaşığı tuzu ve karabiberi ekleyin. Sıvı buharlaşana ve mantarlar kahverengileşene kadar (yaklaşık 10 dakika) ara sıra karıştırarak yüksek ateşte pişirin. Bir kaseye aktarın. Tavayı silin.

c) Patatesleri soyun ve mutfak robotunda veya rende üzerinde parçalayın. Patates şeritlerini durulayın ve kurulayın.

ç) Zeytinyağını ve kalan 1½ yemek kaşığı kanola yağını tavada ısıtın. Patatesleri ve ½ çay kaşığı tuzu ekleyin. Yüksek ateşte hafifçe kızarıncaya kadar (yaklaşık 5 dakika) soteleyin. Patateslerin üçte birini bir kaseye aktarın.

d) İnce, sağlam bir "yatak" oluşturmak için tavada kalan patatesleri bastırın.

e) Mantarları patates yatağının üzerine dökün, ardından ayrılmış patatesleri mantarların çoğunu kaplayacak şekilde üstüne yayın. Galetteyi sıkıştırmak için hafifçe bastırın.

f) Galetteyi örtün ve orta ateşte, ara sıra tavayı sallayarak, alt kısmı kızarana kadar (yaklaşık 10 dakika) pişirin.

g) Ateşten alıp 5 dakika dinlenmeye bırakın. Galetteyi yuvarlak bir tabağa ters çevirin, dilimler halinde kesin ve servis yapın.

31.Tatlı Patates Galette

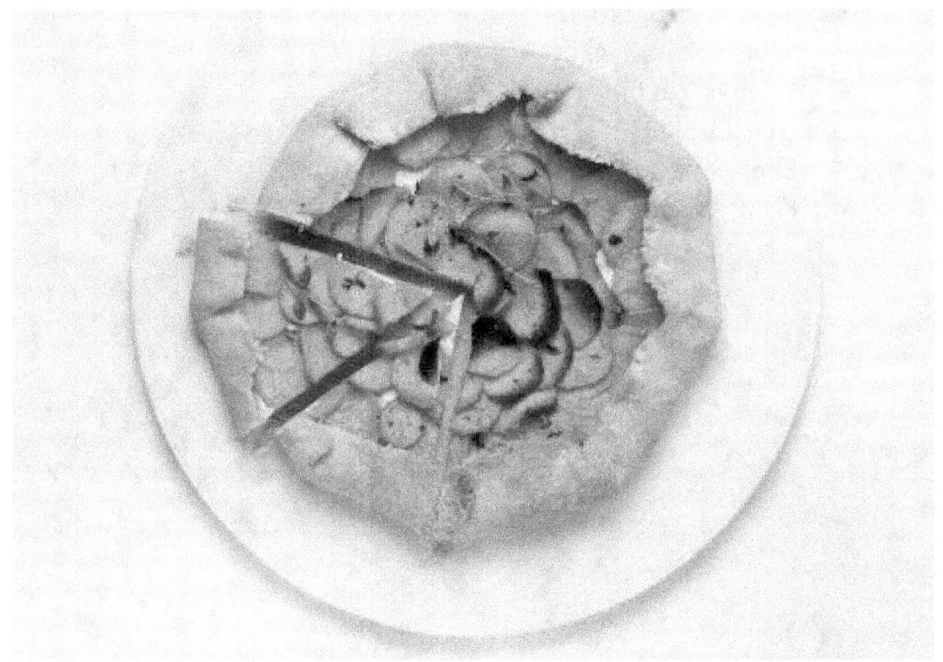

İÇİNDEKİLER:
- 2 pound Yukon Gold veya Sarı Fin patatesi
- 4 kilo tatlı patates
- ¾ bardak tereyağı
- Tatmak için biber ve tuz

OPSİYONEL EKLER:
- Elma-Rezene Kompostosu (tarife bakınız)
- Krem fraiche

TALİMATLAR:

a) Sarı patatesleri ve tatlı patatesleri soyun, ardından yaklaşık 1/16 inçlik ince dilimler halinde kesin.
b) Kahverengileşmeyi önlemek için sarı patates dilimlerini kullanıma hazır olana kadar soğuk suyla örtün.
c) 12 inçlik bir tavada 5 yemek kaşığı tereyağını eritin ve ocaktan alın.
ç) Ayrı bir tavada kalan tereyağını eritin.
d) Tavada eritilmiş tereyağının üzerine tek kat tatlı patates dilimleri yerleştirin. Alt katman için en düzgün dilimleri kullanın.
e) Tavanın ortasından başlayın ve tavanın tabanı kaplanana kadar her dairenin yönünü tersine çevirerek üst üste binen, eşmerkezli daireler oluşturun.
f) Bu katmanı ekstra eritilmiş tereyağıyla fırçalayın ve üzerine bolca tuz ve karabiber serpin.
g) İşlemi bir kat sarı patatesle tekrarlayın, üzerine eritilmiş tereyağı sürün ve tuz ve karabiberle tatlandırın.
ğ) Tava dolana kadar dönüşümlü olarak tatlı patates ve sarı patates katmanları yapmaya devam edin.
h) Patates tavasını orta-yüksek ateşte yerleştirin ve cızırdamaya başlayana kadar pişirin. Yapışmayı önlemek için ara sıra tavayı sallayarak 5 dakika daha pişirmeye devam edin.
ı) Patatesleri folyo ile örtün ve patatesler tamamen pişene kadar yaklaşık 30 dakika 450 Fahrenheit derecede pişirin. Bir kürdan veya soyma bıçağıyla pişip pişmediğini kontrol edin.
i) Folyoyu çıkarın ve bir spatula kullanarak patatesleri bastırarak katmanları sıkıştırın. 10 dakika daha ağzı açık pişirin.
j) Fırından çıkarın ve tavadaki fazla tereyağını dikkatlice dökün.
k) Tavanın üzerine büyük bir tabak veya tabak koyun ve ters çevirin, düşebilecek dilimleri değiştirin.
l) Galetteyi dilimler halinde kesip servis yapın. İsteğe bağlı olarak Elma-Rezene Kompostosu ve Creme fraiche ile eşlik edebilir.

32.Domates ve Karamelize Soğan Galette

İÇİNDEKİLER:
- 2½ pound sarı soğan, iri doğranmış
- 6 dal taze kekik VEYA 2 tutam kurutulmuş kekik
- ¼ bardak zeytinyağı
- Tuz ve taze çekilmiş karabiber
- 1 yemek kaşığı taze biberiye, kıyılmış VEYA 1 çay kaşığı kurutulmuş biberiye
- Mayalı Hamur veya Turta Hamuru
- 3 ons Gorgonzola peyniri
- 1 büyük kiraz domates veya erik domates, çapraz olarak ⅓" kalınlığında dilimlenmiş
- 1 büyük yumurta, dövülmüş

TALİMATLAR:

a) Büyük, ağır, tepkimeye girmeyen bir tencerede, soğanları ve kekiği orta ateşte, bir veya iki kez karıştırarak, soğanlar altın rengine dönene kadar yaklaşık 15 dakika pişirin.
b) 3 yemek kaşığı yağ ekleyin, kapağını kapatın ve kısık ateşte, her 10 dakikada bir tavayı kazıyarak, soğanlar kızarana kadar, yaklaşık 1 saat pişirin.
c) Tuz, karabiber ve 2 çay kaşığı taze biberiye (veya kurutulmuş biberiyenin tamamı) ile tatlandırın. Soğumaya bırakın.
ç) Fırını önceden 400 dereceye ısıtın.
d) galette hamurunu 14 inçlik bir yuvarlak halinde açın. (Alternatif olarak, hamuru 4 eşit parçaya bölün ve 8 inçlik yuvarlaklar halinde yuvarlayın.)
e) Karamelize soğan dolgusunu hamurun üzerine yayın ve 2 inçlik bir kenarlık bırakın.
f) Üzerine Gorgonzola peynirini ufalayın ve domates dilimlerini halka şeklinde üst üste getirin.
g) Tuz ve karabiberle tatlandırın ve kalan 1 yemek kaşığı yağı üstüne gezdirin.
ğ) Hamurun kenarını katlayın ve katlayın. Hamuru çırpılmış yumurta ile yağlayın.
h) Galetteyi, kabuk altın rengi oluncaya kadar pişirin; Mayalı Hamur için yaklaşık 20 dakika ve Turta Hamuru için 35 dakika.
ı) Kalan 1 çay kaşığı taze biberiyeyi üzerine serpip galetteyi sıcak veya ılık olarak servis edin.

33.Kabaklı ve Keçi Peynirli Mısır Galette

İÇİNDEKİLER:
DOLGU İÇİN:
- 1 yemek kaşığı zeytinyağı
- 1 orta boy arpacık soğanı, kıyılmış
- 1 orta boy kabak, ¼ inç küpler halinde kesilmiş
- ¼ çay kaşığı koşer tuzu, artı gerektiğinde daha fazlası
- Taze çekilmiş karabiber
- 2 su bardağı taze mısır taneleri (yaklaşık 3 ila 4 kulak arası)
- 2 çay kaşığı taze kekik yaprağı
- 3 ons taze keçi peyniri, ufalanmış (yaklaşık ¾ bardak)

MONTAJLAMA:
- Toz alma için çok amaçlı un
- 1 satın alınan pasta kabuğu (yaklaşık 7,5 ons), dondurulmuşsa çözülmüş
- 1 çay kaşığı Dijon hardalı

TALİMATLAR:
DOLGUYU YAPIN:
a) Yağı büyük bir tavada orta ateşte parıldayana kadar ısıtın.
b) Arpacık soğanı ekleyin ve yumuşamaya başlayana kadar yaklaşık 2 dakika soteleyin.
c) Kabak, ¼ çay kaşığı tuz ekleyin ve karabiber ekleyin. Sebzeler yumuşayana kadar 4 ila 5 dakika pişirin.
ç) Ateşten alıp mısır tanelerini ve kekik yapraklarını ekleyip karıştırın.
d) Karışımı bir kaseye aktarın ve oda sıcaklığına soğumaya bırakın.
e) Fırının ortasına bir raf yerleştirin ve 400°F'ye ısıtın. Bir fırın tepsisini parşömen kağıdıyla hizalayın.
f) Karışım soğuduğunda keçi peynirini ekleyin ve karıştırarak birleştirin. Gerektiğinde daha fazla tuz ve karabiber ekleyin.

GALETİ MONTAJI:
g) Pasta kabuğunu hafifçe unlanmış bir çalışma yüzeyine yerleştirin .
ğ) Bir oklava kullanarak hamuru yaklaşık 12 inç çapında bir yuvarlak haline getirin.
h) Hamurun bir ucundan başlayarak, pasta kabuğunu oklava etrafında gevşek bir şekilde yuvarlayın.

ı) Hazırlanan fırın tepsisine aktarın ve hamuru tekrar düz bir şekilde açın.
i) Hardalı hamurun üzerine yayın ve yaklaşık 1 ½ ila 2 inçlik bir kenarlık bırakın.
j) Doldurmayı hardalın üzerine eşit bir şekilde kaşıkla dökün.
k) Hamurun kenarlarını yavaşça dolgunun üzerine katlayın, dolgunun yaklaşık 1 ½ ila 2 inçini kaplayın ve ilerledikçe hamuru her 2 inçte bir katlayın.
l) Kabuk altın rengi kahverengi olana kadar 30 ila 40 dakika pişirin.
m) Galetteyi dilimler halinde kesmeden ve servis yapmadan önce en az 5 ila 10 dakika soğumaya bırakın .

34.Peynirli Salam ve Domates Galette

İÇİNDEKİLER:

- 130 gr tereyağı
- 300 gr un
- 1 çay kaşığı tuz
- 1 yumurta
- 80 ml süt
- ½ çay kaşığı sirke

DOLGU:

- 1 domates
- 1 tatlı biber
- kabak
- salam
- mozarella
- 1 Yemek kaşığı zeytinyağı
- otlar (kekik, fesleğen, ıspanak gibi)

TALİMATLAR:

a) Tereyağını küp küp doğrayın.
b) Bir kapta veya tavada yağı, unu ve tuzu birleştirin ve bıçakla doğrayın.
c) Bir yumurta, biraz sirke ve biraz süt atın.
d) Hamuru yoğurmaya başlayın. Top haline getirip streç filmle sardıktan sonra yarım saat kadar buzdolabında bekletin.
e) İç harcın tüm malzemelerini kesin .
f) Dolguyu, pişirme parşömenine (Mozzarella hariç) açılmış büyük bir hamur çemberinin ortasına yerleştirin.
g) Zeytinyağı gezdirip tuz ve karabiberle tatlandırın.
h) Daha sonra hamurun kenarlarını dikkatlice kaldırın, üst üste gelen kısımların etrafına sarın ve hafifçe bastırın.
i) Fırını önceden 200°C'ye ısıtın ve 35 dakika pişirin. Pişirme süresinin bitiminden on dakika önce mozarellayı ekleyin ve pişirmeye devam edin.
j) Derhal servis yapın!

35.Domates, Pesto ve Keçi Peyniri Galette

İÇİNDEKİLER:

- 8½ ons Puf böreği
- ⅓ bardak Pesto
- 2 yemek kaşığı Parmesan peyniri; artı 1 çay kaşığı
- 3 orta boy Olgun domates
- 4 ons Soğutulmuş keçi peyniri, ufalanmış ve soğutulmuş
- ½ su bardağı Nicoise zeytini; Çukurlu
- Taze çekilmiş karabiber
- 1 yemek kaşığı sızma zeytinyağı
- 3 Taze fesleğen yaprağı; rendelenmiş (4 yemek kaşığına kadar)

TALİMATLAR:

a) Kabuğu Hazırlayın: 10- veya 11 inçlik bir tart tavasına ihtiyacınız olacak. Bir tabaka puf böreğinin buzunu 30 dakika boyunca çözün. Fırını önceden 400 dereceye ısıtın.

b) Hamur işini açın ve tart tavasından 14 inç kare veya 4 inç daha büyük olacak şekilde açın. Tavanın tabanını kılavuz olarak kullanarak tavadan 2 inç daha büyük bir daire kesin.

c) Hamuru tart kalıbına yerleştirin ve hamurun yaklaşık 1 inçlik kısmını bir kenar oluşturacak şekilde katlayın. Hamurun altını ve yanlarını 1 inç aralıklarla çatalla delin. 15 dakika veya açık altın rengi kahverengi olana kadar pişirin.

ç) Tart'ı Birleştirin: Pestoyu hamurun üzerine yayın. Pesto sosunun üzerine 2 yemek kaşığı parmesan serpin.

d) Domatesleri, çekirdeğini silin ve ¼ inçlik dilimler halinde kesin. Domates dilimlerini hamur işi kabuğunun dış kenarından başlayarak eşmerkezli daireler halinde düzenleyin.

e) Keçi peynirini domateslerin üzerine ufalayın. Üzerine zeytinleri dağıtın, ardından kalan 1 çay kaşığı parmesan peynirini serpin. Üzerine karabiberi öğütün ve üzerine zeytinyağı gezdirin.

f) Turtayı 15 dakika veya keçi peyniri erimeye başlayana kadar pişirin. Eğer jant çok kahverengi olursa, alüminyum folyo şeritleriyle üzerini örtün.

g) Servis yapmadan hemen önce tartın üstünü rendelenmiş fesleğenle süsleyin.

ğ) Tart, ılık veya oda sıcaklığında servis edilebilir.

36.Ispanaklı ve Ricotta Galette

İÇİNDEKİLER:

- 1 yaprak mağazadan satın alınan puf böreği, çözülmüş
- 2 su bardağı taze ıspanak, doğranmış
- 1 su bardağı ricotta peyniri
- 1/4 su bardağı rendelenmiş parmesan peyniri
- 1 diş sarımsak, kıyılmış
- Tatmak için biber ve tuz
- 1 yumurta, çırpılmış (yumurta yıkamak için)

TALİMATLAR:

a) Fırınınızı önceden 375°F'ye (190°C) ısıtın ve fırın tepsisini parşömen kağıdıyla kaplayın.
b) Bir kapta doğranmış ıspanak, ricotta peyniri, Parmesan peyniri, kıyılmış sarımsak, tuz ve karabiberi karıştırın.
c) Puf böreği tabakasını hafifçe unlanmış bir yüzeyde yaklaşık 12 inç çapında kaba bir daire şeklinde açın.
ç) Ispanak ve ricotta karışımını puf böreğinin üzerine eşit şekilde yayın ve kenarlarda yaklaşık 2 inçlik bir kenarlık bırakın.
d) Milföy hamurlarının kenarlarını ıspanak karışımının üzerine katlayın ve rustik bir galette şekli oluşturmak için gerektiği kadar katlayın.
e) Hamurun kenarlarını çırpılmış yumurta ile yağlayın.
f) Önceden ısıtılmış fırında 25-30 dakika veya hamur işi altın rengi kahverengi olana ve dolgu hazır olana kadar pişirin.
g) Servis yapmadan önce hafifçe soğumaya bırakın.

37.Brokoli ve Cheddar Galette

İÇİNDEKİLER:

- 1 yaprak mağazadan satın alınan puf böreği, çözülmüş
- 2 su bardağı brokoli çiçeği, beyazlatılmış ve doğranmış
- 1 su bardağı rendelenmiş kaşar peyniri
- 1/4 su bardağı rendelenmiş parmesan peyniri
- Tatmak için biber ve tuz
- 1 yumurta, çırpılmış (yumurta yıkamak için)

TALİMATLAR:

a) Fırınınızı önceden 375°F'ye (190°C) ısıtın ve fırın tepsisini parşömen kağıdıyla kaplayın.
b) Bir kasede doğranmış brokoli, rendelenmiş kaşar peyniri, Parmesan peyniri, tuz ve karabiberi birleştirin.
c) Puf böreği tabakasını hafifçe unlanmış bir yüzeyde yaklaşık 12 inç çapında kaba bir daire şeklinde açın.
ç) Brokoli ve peynir karışımını puf böreğinin üzerine eşit şekilde yayın ve kenarlarda yaklaşık 2 inçlik bir kenarlık bırakın.
d) Puf böreğinin kenarlarını brokoli karışımının üzerine katlayın ve gerektiği gibi katlayın.
e) Hamurun kenarlarını çırpılmış yumurta ile yağlayın.
f) 25-30 dakika veya hamur işi altın rengi kahverengi olana ve dolgu kabarcıklı hale gelene kadar pişirin.
g) Servis yapmadan önce hafifçe soğumaya bırakın.

38.Fesleğen Pestolu Kabak ve Ricotta Galette

İÇİNDEKİLER:

- 1 yaprak mağazadan satın alınan puf böreği, çözülmüş
- 2 küçük kabak, ince dilimlenmiş
- 1/2 bardak ricotta peyniri
- 2 yemek kaşığı fesleğen pesto
- Tatmak için biber ve tuz
- 1 yumurta, çırpılmış (yumurta yıkamak için)
- Garnitür için taze fesleğen yaprakları (isteğe bağlı)

TALİMATLAR:

a) Fırınınızı önceden 375°F'ye (190°C) ısıtın ve fırın tepsisini parşömen kağıdıyla kaplayın.
b) Bir kapta ricotta peyniri ve fesleğen pestoyu karıştırın. Tatmak için tuz ve karabiber ekleyin.
c) Puf böreği tabakasını hafifçe unlanmış bir yüzeyde yaklaşık 12 inç çapında kaba bir daire şeklinde açın.
ç) Ricotta ve pesto karışımını puf böreğinin üzerine eşit şekilde yayın ve kenarlarda yaklaşık 2 inçlik bir kenarlık bırakın.
d) Dilimlenmiş kabakları ricotta karışımının üzerine yerleştirin.
e) Puf böreğinin kenarlarını kabak ve ricotta'nın üzerine katlayın ve gerektiği gibi katlayın.
f) Hamurun kenarlarını çırpılmış yumurta ile yağlayın.
g) 25-30 dakika veya hamur işi altın rengi kahverengi olana ve kabaklar yumuşayana kadar pişirin.
ğ) Servis yapmadan önce hafifçe soğumaya bırakın. Arzu ederseniz taze fesleğen yapraklarıyla süsleyin.

39.Karamelize Soğan ve Ispanaklı Galette

İÇİNDEKİLER:

- 1 yaprak mağazadan satın alınan puf böreği, çözülmüş
- 2 büyük soğan, ince dilimlenmiş
- 2 yemek kaşığı zeytinyağı
- 2 su bardağı taze ıspanak yaprağı
- 1/4 su bardağı rendelenmiş parmesan peyniri
- Tatmak için biber ve tuz
- 1 yumurta, çırpılmış (yumurta yıkamak için)

TALİMATLAR:

a) Fırınınızı önceden 375°F'ye (190°C) ısıtın ve fırın tepsisini parşömen kağıdıyla kaplayın.
b) Büyük bir tavada zeytinyağını orta ateşte ısıtın. Dilimlenmiş soğanları ekleyin ve ara sıra karıştırarak karamelize olana kadar yaklaşık 20-25 dakika pişirin.
c) Puf böreği tabakasını hafifçe unlanmış bir yüzeyde yaklaşık 12 inç çapında kaba bir daire şeklinde açın.
ç) Karamelize edilmiş soğanları puf böreğinin üzerine eşit şekilde yayın ve kenarlarda yaklaşık 2 inçlik bir kenarlık bırakın.
d) Taze ıspanak yapraklarını karamelize soğanların üzerine dizin.
e) Ispanakların üzerine rendelenmiş Parmesan peynirini serpin.
f) Tatmak için tuz ve karabiber ekleyin.
g) Milföy hamurlarının kenarlarını ıspanak ve soğanların üzerine katlayın ve gerektiği gibi katlayın.
ğ) Hamurun kenarlarını çırpılmış yumurta ile yağlayın.
h) 25-30 dakika veya hamur işi altın rengi kahverengi olana ve dolgu ısınana kadar pişirin.
ı) Servis yapmadan önce hafifçe soğumaya bırakın.

CEVİZLİ GALETLER

40.Ahududu Soslu Ahududu ve Fındıklı Galetteler

İÇİNDEKİLER:
- 2 ons altın pudra şekeri
- 3 ons öğütülmüş fındık
- 4 ons sade un, elenmiş
- 3 ons tuzsuz tereyağı, soğutulmuş ve küçük parçalar halinde kesilmiş
- 1 yumurta sarısı, çırpılmış
- 1 pound + 2 ons ahududu
- 4 yemek kaşığı pudra şekeri, elenmiş
- 284ml krem şanti

TALİMATLAR:
a) Mutfak robotunda şekeri, fındığı ve unu karıştırın. Tereyağını ekleyin ve karışım ince ekmek kırıntısı görünümüne gelinceye kadar karıştırın. Yumurta sarısını ekleyin ve karışım top haline gelinceye kadar karıştırın.
b) Hamuru hafifçe unlanmış bir yüzeyde yaklaşık 3 mm (½") kalınlığa kadar açın. 6 cm'lik (2½") bir kesici kullanarak 16 tur kesin. Yapışmaz fırın tepsilerine yerleştirin ve önceden ısıtılmış 180°C (350°F, gaz işareti 4) fırında 12-15 dakika veya hafif renk alana kadar pişirin. Soğutma rafına aktarmadan önce hafifçe soğutun.
c) Coulis'i hazırlamak için ahududuların yarısını püre haline getirin ve çekirdeklerini çıkarmak için süzün. 45 ml (3 yemek kaşığı) pudra şekerini karıştırın.
ç) Kremayı çırpın ve kalan pudra şekerini ekleyin.
d) İki kurabiye turtasını krema ve kalan bütün ahududuyla sandviçleyin. Üstüne daha fazla krema ve ahududu ekleyin. 8 yapmak için tekrarlayın galetler
e) Üzerine pudra şekeri serpip, nane dallarıyla süsleyerek, ahududu püresi eşliğinde servis yapın.

41. Mango Fındıklı Nutellalı Turta Galette

İÇİNDEKİLER:
- 7 ons un
- 3½ ons vegan tereyağı (ince dilimler)
- 2 yemek kaşığı şeker
- 2 yemek kaşığı buzlu soğuk su
- 1 mango
- Bir tutam tuz
- 4-5 yemek kaşığı fındık ezmesi
- Kabuğu fırçalayıp kaplamak için ¼ bardak badem sütü ve ½ yemek kaşığı şeker

TALİMATLAR:
a) Un ve tereyağını mutfak robotunda birleştirin.
b) Tutarlı bir hamur elde etmek için şekeri, bir tutam tuzu ve son olarak suyu ekleyin.
c) Buzdolabında 30 dakika dinlenmeye bırakın.
ç) Mangoyu ince ince dilimleyin ve bir kenara koyun.
d) Pasta hamurunu alıp oklavayla 10-12 inçlik bir daire şeklinde açın.
e) Fırını önceden 400°F'ye ısıtın.
f) Tart hamurunun ortasına 4-5 yemek kaşığı ev yapımı Nutella sürün. Kenarın yaklaşık 1 inçini serbest bırakın.
g) Mango dilimlerini hamurun üzerine daire şeklinde koyun.
ğ) Hamurun kenarını mangonun üzerine kabuk olarak katlayın.
h) Kabuğu badem sütüyle fırçalayın. Kabuğu şekerle serpin.
ı) Fırında 35-40 dakika pişirin.
i) Derhal servis yapın.

42. Nektarin ve Erik Fıstıklı Galette

İÇİNDEKİLER:
FISTIK KABUK
- 1 ½ su bardağı çok amaçlı un
- ¼ bardak tuzsuz antep fıstığı, kabukları soyulmuş ve iri kıyılmış
- 1 çay kaşığı toz şeker
- ¼ çay kaşığı tuz
- ½ bardak tuzsuz soğuk tereyağı, dilimlenmiş veya 1 cm'lik küpler halinde kesilmiş
- 1 büyük yumurta sarısı
- 4 ila 5 yemek kaşığı soğuk su

MEYVE DOLGU
- ¼ su bardağı toz şeker
- 3 yemek kaşığı pasta doldurma arttırıcı
- ¼ çay kaşığı öğütülmüş tarçın
- 6 ila 8 nektarin, çekirdekleri çıkarılmış ve dilimlenmiş
- 6 ila 8 erik, çekirdeği çıkarılmış ve dilimlenmiş
- 1 yemek kaşığı limon suyu
- 2 yemek kaşığı tuzsuz tereyağı, 1 cm'lik küpler halinde kesilmiş
- 1 yemek kaşığı toz şeker
- ¼ bardak tuzsuz antep fıstığı, kabukları soyulmuş ve iri kıyılmış

TALİMATLAR:
a) Orta boy bir kapta un, antep fıstığı, şeker ve tuzu birlikte çırpın. Tereyağını dökün ve un karışımıyla kaplayın.

b) Bir hamur karıştırıcısı veya uzun dişli bir çatal kullanarak, karışım küçük bezelye büyüklüğünde ufalanana kadar tereyağını ve yumurta sarısını kesin.

c) Her seferinde 2 yemek kaşığı su ekleyin ve bir hamur oluşana kadar un karışımını kesmeye devam edin ve kasenin kenarlarını yapışkan bir hamur kütlesi haline getirin. Hamuru düzleştirilmiş bir disk haline getirin.

ç) Plastik ambalajla sıkıca örtün ve hamurun buzdolabında 30 dakika soğumasını bekleyin.

d) Bu arada büyük bir kapta şekeri, Pasta Doldurma Arttırıcısını ve tarçını birlikte çırpın. Not: Yoğunlaştırıcı olarak çok amaçlı un kullanıyorsanız ¼ bardak şeker ekleyin; bir kenara koyun. Nektarin ve erikleri atın. Limon suyunu serpin, hafifçe karıştırın; bir kenara koyun.

e) Fırını 425°F'a ısıtın ve büyük bir fırın tepsisini parşömen kağıdı veya silikon fırın matı ile kaplayın; bir kenara koyun.

f) Hamur soğuduktan sonra temiz ve kuru bir yüzeyi hafifçe unlayın. Hamuru yaklaşık ⅛ inç kalınlığında 12 × 8 inçlik bir dikdörtgen şeklinde yuvarlayın. Açılan hamurdaki boşlukları veya yırtıkları doldurmak için kalan artıkları kullanın. Büyük bir tezgah kazıyıcı yardımıyla hamur tabakasını hazırlanan fırın tepsisine aktarın.

g) Kenarları yavaşça içe doğru yuvarlayın ve bir kenar oluşturmak için hamurun dikişini hafifçe sıkıştırın.

ğ) Aynı meyveden yaklaşık aynı büyüklükte dilimler alın ve meyveyi ortasından başlayarak kenarlara doğru yerleştirmeye başlayın. Meyveleri kenarlara en yakın yere koyarken boşlukları doldurmak için daha küçük dilimler kullanın. Meyveyi sererken değişen renkler ve açılar daha dinamik bir estetik yaratacaktır.

h) Doldurma üzerine 2 yemek kaşığı küp tereyağı serpin. Hamurun kenarını suyla kaplayın ve 1 yemek kaşığı şeker serpin. Kalan antep fıstıklarını galettenin üzerine serpin.

ı) 30 ila 40 dakika veya kabuk altın kahverengi olana ve meyveler yumuşayana kadar pişirin. Servis etmeden önce galetteyi tel ızgara üzerinde 1 saat soğumaya bırakın. EĞLENCE!

43.Ahududu & Meyankökü Reçeli ve Fındık Galette

İÇİNDEKİLER:
- ¾ bardak çiğ fındık, kabuğu soyulmuş
- ¾ çay kaşığı tuz
- 1¼ su bardağı sade un, ayrıca çalışma yüzeyi için daha fazlası
- ½ bardak (1 çubuk) soğutulmuş tuzsuz tereyağı, 1,5 cm'lik parçalar halinde kesilmiş
- ¼ bardak şeker
- 2 büyük yumurta sarısı
- 1 su bardağı Ahududu ve Meyankökü Reçeli
- 1 çay kaşığı ince rendelenmiş limon kabuğu rendesi
- 1 yemek kaşığı taze limon suyu
- 1 büyük yumurta, harmanlamak için dövüldü
- 2 yemek kaşığı ham şeker
- Fındıklı veya vanilyalı dondurma (servis için; isteğe bağlı)

TALİMATLAR:
a) Fırını önceden 190°C'ye ısıtın.
b) Fındıkları, tuzu ve 1¼ su bardağı unu bir mutfak robotunda fındıklar çok ince öğütülene kadar işleyin; orta boy bir kaseye aktarın ve bir kenara koyun.
c) Tereyağı ve şekeri mutfak robotunda pürüzsüz hale gelene kadar işleyin. Birleştirmek için yumurta sarısını ve nabız ekleyin. Ayrılmış fındık karışımını ekleyin ve harmanlanana kadar nabız atın. Bir top halinde toplayın, bir disk şeklinde düzleştirin ve plastiğe sarın. En az 2 saat soğutun.
ç) Ahududu ve meyan kökü reçelini, limon kabuğu rendesini ve limon suyunu küçük bir kapta karıştırın; bir kenara koyun.
d) Hamuru unlanmış bir pişirme kağıdı üzerinde 35 cm'lik yuvarlak, yaklaşık 3 mm kalınlığında açın, yapışmayı önlemek için hamurun üzerine gerektiği kadar un serpin. Reçel karışımını hamurun üzerine 4 cm kenar kalacak şekilde yayın. Çırpılmış yumurtayı hamurun kenarına sürün. Pişirme kağıdını yardım olarak kullanarak hamurun kenarını reçelin üzerine katlayın ve hamurdaki çatlakları sıkıştırın. Pişirme kağıdını galette ile fırın tepsisine kaydırın. Hamurun üstünü çırpılmış yumurta ile fırçalayın; ham şeker serpin.
e) Galetteyi yarıya kadar çevirerek, kabuk koyu altın rengi kahverengi olana kadar, 30-40 dakika pişirin .
f) Tartı, dışarı çıkmış olabilecek herhangi bir reçelden çıkarmak için, tart ile kağıt arasına büyük bir spatula veya bıçak sürün. Tel raf üzerindeki bir tavada tamamen soğumaya bırakın.
g) İstenirse dilimler halinde kesip dondurmayla servis yapın.

44.Bademli ve Tuzlu Peynirli Galette

İÇİNDEKİLER:
DOLGU İÇİN:
- 1 pound Rokfor veya Camembert, yumuşatılmış ve kabuğu atılmış
- ¼ bardak ağır krema
- ¼ bardak sek beyaz şarap
- 1 büyük yumurta sarısı
- 2 yemek kaşığı çok amaçlı un
- Tatmak için biber ve tuz

HAMUR İÇİN:
- 3 su bardağı çok amaçlı un
- 2 yemek kaşığı şeker
- ¼ çay kaşığı tuz
- 1½ çubuk soğuk tuzsuz tereyağı, parçalar halinde kesilmiş (¾ bardak)
- 2 büyük yumurta, hafifçe dövülmüş
- ¼ fincan dilimlenmiş badem, tercihen beyazlatılmış, hafifçe kızartılmış
- 1 büyük yumurta sarısının 1 yemek kaşığı su ile çırpılmasıyla yapılan yumurta yıkama
- Yanında kırmızı üzüm

TALİMATLAR:
DOLGUYU YAPIN:

a) Bir mutfak robotunda, parçalar halinde kesilmiş Rokforu (veya Camembert'i), kremayı, şarabı, yumurta sarısını, unu, tuzu ve karabiberi dolgu pürüzsüz hale gelinceye kadar karıştırın.

HAMURUN YAPILMASI:

b) Bir kapta un, şeker ve tuzu birleştirin.

c) Tereyağını ekleyin ve karışımı kaba bir yemek görünümü alana kadar karıştırın.

ç) Çırpılmış yumurtaları karıştırın.

d) Hafifçe unlanmış bir yüzeyde hamuru birleşene kadar birkaç saniye hafifçe yoğurun.

e) Hamuru ikiye bölün, her iki yarıyı da top haline getirin ve streç filme sarılı hamuru 1 saat kadar soğutun.

GALETİ MONTAJI:

f) Hafifçe unlanmış bir yüzeyde, her hamur topunu 10 inçlik bir yuvarlak halinde açın.
g) Hamur turlarından birini tereyağlı 9 inçlik yuvarlak kek kalıbının tabanına ve ¾ inç yukarısına bastırın.
ğ) Dar bir metal spatula ile dolguyu hamurun tabanına eşit şekilde yayın.
h) Dolguyu kızartılmış dilimlenmiş bademlerle serpin.
ı) Spatulanın ucunu kullanarak hamurun kenarını dolgunun üzerine katlayın.
i) Kalan hamur yuvarlaklarını dolgunun üzerine yerleştirin ve üst yuvarlakın kenarını alt yuvarlak ile tavanın yanı arasına bastırarak dolguyu çevreleyin ve galetteyi kapatın.
j) Üstüne çatalla baklava deseni çizin, hamurun üzerine yumurta sarısını sürün ve galetteyi en az 30 dakika, en fazla 8 saat kadar soğutun.
k) Fırını önceden 400°F'ye ısıtın.
l) Galetteyi önceden ısıtılmış fırının ortasında 50 ila 55 dakika veya altın kahverengi olana kadar pişirin.
m) 10 dakika boyunca bir raftaki tavada soğumaya bırakın.
n) Galettenin kenarına ince bir bıçak batırın, dikkatlice bir tabağa çıkarın ve ızgaraya ters çevirin.
o) Galetteyi tamamen soğumaya bırakın ve ince dilimler halinde keserek üzümlerle birlikte servis edin.

45.Bademli Şeftali ve Böğürtlen Galette

İÇİNDEKİLER:
HAMUR
- 1⅓ su bardağı çok amaçlı un
- 1 yemek kaşığı şeker
- ½ çay kaşığı ince deniz tuzu
- 1 büyük yumurta
- Gerektiğinde ağır krema
- 2 çay kaşığı limon suyu
- ½ çay kaşığı rendelenmiş limon kabuğu rendesi
- 1 çubuk tuzsuz tereyağı, büyük parçalar halinde kesilmiş

DOLGU
- 2 su bardağı dilimlenmiş şeftali (isteğe göre soyulmuş veya soyulmamış)
- 1 bardak böğürtlen
- ½ su bardağı açık kahverengi şeker
- 3½ yemek kaşığı mısır nişastası
- 1 tutam tuz
- ½ limon, kabuğu rendelenmiş ve suyu sıkılmış
- ¼ çay kaşığı badem özü (isteğe bağlı)
- ¼ bardak dilimlenmiş badem
- 1 yemek kaşığı toz şeker

TALİMATLAR:
KABUĞU İÇİN:
a) Çelik bir bıçak veya büyük bir kase ile donatılmış bir mutfak robotunda, un, şeker ve tuzu darbeyle vurun veya karıştırın. Bir ölçüm kabında yumurtayı hafifçe çırpın, ardından ⅓ bardağa yetecek kadar krema ekleyin. Yumurtayı ve kremayı birlikte hafifçe çırpın.

b) Un karışımına tereyağı ekleyin ve tereyağını parçalamak için darbeli veya bir pasta kesici veya parmaklarınızı kullanın. Mutfak robotu kullanıyorsanız aşırı işlem yapmayın; nohut büyüklüğünde tereyağı parçalarına ihtiyacınız var.

c) Yumurta karışımını (¼ bardağa kadar) hamurun üzerine gezdirin ve bir araya gelmeye başlayana ancak çoğunlukla büyük kırıntılar halinde kalana kadar nabız atın veya karıştırın.

ç) Limon suyu ve lezzetini karıştırın.
d) Hamuru hafifçe unlanmış bir tezgaha koyun ve tek bir parça elde edinceye kadar birbirine vurun. Bir disk şeklinde düzleştirin, plastiğe sarın ve 2 saat veya 3 güne kadar soğutun.
e) Fırını 400°F'ye ısıtın. Hamuru 12 inçlik bir yuvarlak haline getirin (düzensiz olabilir).
f) Parşömen kağıdıyla kaplı kenarlı bir fırın tepsisine aktarın ve dolguyu hazırlarken soğutun.

DOLGU İÇİN:
g) Büyük bir kapta şeftali ve böğürtlenleri, açık kahverengi şekeri, mısır nişastasını, bir tutam tuzu, limon suyunu, kabuğu rendesini ve badem özünü karıştırın.

MONTAJLAMA:
ğ) Meyve karışımını hamur çemberinin üzerine 1½ inçlik bir kenarlık bırakarak kazın.
h) Hamuru yavaşça meyvenin üzerine katlayın, içeride tutmak için katlayın (özensiz olması iyidir).
ı) Hamur işlerini kalan yumurta ve krema karışımıyla cömertçe fırçalayın. Üzerine badem ve toz şekeri serpin.
i) Dolgu güçlü bir şekilde kabarcıklanıp kabuk altın rengi oluncaya kadar 35-45 dakika pişirin.
j) Tel ızgara üzerinde en az 20 dakika soğutun. Sıcak veya oda sıcaklığında servis yapın.

46. Kızılcık Ceviz Galette

İÇİNDEKİLER:
- 1 tek kabuklu pasta hamuru

KIZILCIK CEVİZ DOLGUSU
- 2 bardak bütün kızılcık
- ⅔ su bardağı şeker
- 1 ¼ çay kaşığı mısır nişastası
- bir tutam küçük hindistan cevizi
- bir tutam tuz
- ¼ çay kaşığı rendelenmiş taze portakal kabuğu veya ½ yemek kaşığı portakal likörü
- ¼ su bardağı kıyılmış ceviz

YUMURTA YIKAMA
- 1 yumurta
- 1 yemek kaşığı su
- ¼ çay kaşığı tarçın

TALİMATLAR:
a) 1½ bardak kızılcıkları mutfak robotuna koyun ve iri bir şekilde doğranana kadar çalıştırın. Orta boy bir kapta, doğranmış ve bütün kızılcıkları dolgu için kalan malzemelerle karıştırın.

b) Hazırladığınız hamuru dört eşit parçaya bölün. Her parçayı yaklaşık ¼ inç kalınlığında bir daireye yuvarlayın. Parşömen kağıdıyla kaplı bir fırın tepsisine daireler yerleştirin. Dış kenarları yumurta akı ile fırçalayın. Yumurta yıkamasını hazırlamak için bir bütün yumurtayı ve 1 yemek kaşığı suyu birlikte çırpın.

c) Kenarlarda 1½ inç bırakarak ortada yığın dolgusu yapın.

ç) Kase benzeri bir hamur işi yapmak için kenarları yukarı katlayın ve birbirine sıkıştırın. (Ben iç harcın katı kısmını koyup kenarlarını katladım ve ortasına sıvıyı sürdüm). Dışını yumurta sarısı ile yağlayın ve üzerine şeker serpin.

d) 1 saat veya pişirmeye hazır olana kadar dondurun.

e) 425°F'de 10 dakika ve ardından 375°F'de 10 dakika (veya dışı altın rengi olana kadar) pişirin.

47. Çikolatalı Cevizli Galette

İÇİNDEKİLER:

- 1 pasta kabuğu ev yapımı veya mağazadan satın alınmış
- 2 yemek kaşığı tereyağı
- ⅓ su bardağı esmer şeker
- ½ çay kaşığı elma sirkesi
- ¼ bardak akçaağaç şurubu
- 1 büyük yumurta
- 3 yemek kaşığı Hollanda usulü kakao
- 1 bardak ceviz
- ½ su bardağı damla çikolata
- Deniz tuzu tutam

TALİMATLAR:

Cevizleri Tost:

a) Fırını önceden 350 F'ye ısıtın ve cevizleri bir fırın tepsisine yayın. Çiğ iseler 10 dakika kadar kızartın. Zaten kavrulmuşlarsa, beş kişilik kızartın.

b) Doldurmaya girmeden önce soğuduklarından emin olun.

DOLGUYU YAPIN:

c) Şekeri, şurubu, eritilmiş tereyağını ve kakaoyu bir tencerede orta ateşte pürüzsüz hale gelinceye kadar çırpın.

ç) Soğuduktan sonra yumurtayı, ardından sirkeyi, çikolata parçacıklarını ve cevizleri ekleyin.

GALETİ MONTAJI:

d) Fırını önceden 400 F'ye ısıtın. Bir kurabiye tabakasını parşömen kağıdıyla hizalayın.

e) Hafifçe unlanmış bir tezgahta hamuru yaklaşık 14-15 inç (çap) olan bir daire elde edene kadar açın. Dolguyu ortasına dökün ve iki inçlik bir kenarlık bırakarak yayın.

f) Kabuğu dolgunun üzerine katlayın, mükemmel görünmüyorsa endişelenmeyin, ancak dolgunun hiçbirinin dışarı sızmaması için sıkıca kapatıldığından emin olun. Üzerine yumurta sarısı sürün ve üzerine şeker serpin. 30 dakika pişirin.

g) Sıcak olarak, dondurmayla birlikte servis yapın.

48.Sırlı Şeftali Galette Kaju Kremalı

İÇİNDEKİLER:
- 1 su bardağı ağartılmamış yumuşak buğday unu
- 1 su bardağı yumuşak tam buğday unu
- ¼ çay kaşığı deniz tuzu
- 1 çay kaşığı ağartılmamış şeker kamışı
- 2 yumurta
- ½ su bardağı margarin

DOLGU
- 6 organik şeftali
- 2 yemek kaşığı akçaağaç şurubu
- ¼ çay kaşığı saf vanilya özü
- susam tohumları (isteğe bağlı)

KREM
- ½ bardak 1-2 saat suda bekletilmiş çiğ kaju fıstığı
- ½ limon suyu
- ¼ bardak filtrelenmiş su
- 2 yemek kaşığı akçaağaç şurubu
- bir tutam deniz tuzu

TALİMATLAR:
a) Orta boy bir karıştırma kabında un, tuz, şeker, yumurta ve margarini hamur topu haline gelinceye kadar karıştırın. (Temiz) ellerinizi kullanın ⁇ Çok ıslaksa biraz daha un, çok kuruysa çok az su ekleyebilirsiniz.

b) Hamuru kasede saklayın, üzerini örtün ve dolguyu hazırlarken soğuması için 15 dakika buzdolabına koyun.

c) Bütün şeftalileri soyup dilimleyin, bir kaseye koyun ve üzerine akçaağaç şurubu ve vanilyayı gezdirin. Her şeyi kaplayacak şekilde iyice karıştırın.

ç) Hamuru temiz tezgahınıza veya başka temiz geniş bir yüzeye, yapışmaması için üzerine un serpin ve bir merdane veya şişe kullanarak, alabildiğiniz kadar ince olana kadar bastırın. Süper ince olması gerekmiyor ve burada mükemmellik gerekli değil.

d) Nispeten yuvarlak tutmaya çalışın, parşömen kağıtlı bir kurabiye tepsisine yerleştirin, ardından şeftali karışımını ortasına dökün ve hamurun kenarlarını her tarafa katlayın.

e) Hamurun kenarlarını kaplamak için şeftali ve akçaağaç şurubu suyunun bir kısmını kullanın.
f) Turtanızın büyüklüğüne ve hamurunuzun kalınlığına bağlı olarak 225F fırında yaklaşık 25-30 dakika pişirin.
g) Kaju kremasını hazırlamak için tüm malzemeleri yüksek güçlü karıştırıcınıza koyun ve tamamen pürüzsüz hale gelinceye kadar karıştırın.
ğ) Pastayı sıcak veya soğuk olarak üzerine gezdirilmiş kaju kreması ile servis edin.

49.Ravent Gülü ve Çilek Fıstıklı Galettes

İÇİNDEKİLER:
FISTIKLI BÖREK KABUK
- 1 su bardağı soğuk, tuzsuz tereyağı (2 çubuk)
- 2 ½ su bardağı çok amaçlı un
- 2 yemek kaşığı toz şeker
- 2 çay kaşığı tuz
- ¼ bardak buz gibi soğuk votka
- 2-4 yemek kaşığı buz gibi soğuk su
- ½ su bardağı ince kıyılmış Antep fıstığı (tuzsuz)

Ravent GÜLLERİ
- 3 sap ravent
- 1 ½ su bardağı şeker
- 1 ½ su bardağı su
- 3-5 damla gül özü

ÇİLEK DOLGU
- 1 litre taze çilek (dilimlenmiş)
- 1 limon kabuğu rendesi ve suyu
- ½ bardak) şeker
- 1 yemek kaşığı tapyoka nişastası

YUMURTA YIKAMA
- 1 yumurta
- 2-3 yemek kaşığı köpüklü şeker (veya ham şeker)
- Pişirme Modu Ekranınızın kararmasını önleyin

TALİMATLAR:
FISTIKLI BÖREK KABUK
a) Bir mutfak robotunda, antep fıstıklarını yaklaşık 1 yemek kaşığı unla birlikte ince bir şekilde doğranana kadar çekin. Bir kaseye aktarın ve bir kenara koyun.

b) Tereyağını ¼"- ½" küpler halinde kesin ve birkaç dakika sertleşmesi için buzdolabına veya dondurucuya geri koyun.

c) Unu, şekeri ve tuzu kenarları yüksek bir karıştırma kabına koyun ve birlikte çırpın.

ç) Mutfak robotunuz varsa pasta hamurunu karıştırmak için kullanabilirsiniz.

d) Un karışımını ve küp tereyağını mutfak robotuna yerleştirin. Un ipeksi kıvamdan unlu kıvama gelinceye kadar yavaşça nabız atın; bu sadece bir avuç dolusu darbe alacaktır, bu yüzden dikkatli izleyin.
e) Darbeli olarak, votkayı birleşene kadar yavaşça besleme tüpünden dökün. Bu noktada, küçük bir avuç dolusu toplayarak hamurun hidrasyon seviyesini kontrol etmek için ufalanan hamuru büyük bir karıştırma kabına dönüştürmeyi seviyorum; eğer bir arada duruyorsa hazırdır . Kuru veya ufalanmışsa, kalan suyu her seferinde 1 çorba kaşığı olacak şekilde yavaşça ekleyin. Hamuru ara sıra sıkıştırarak test edin.
f) Hamur birbirine yapışmaya başladığında doğranmış antep fıstıklarını tamamen karışana kadar katlayın.
g) Hamuru daha küçük 6 inçlik galetler için dört disk veya daha büyük 10 inçlik galetler için iki disk halinde şekillendirin ve bunları tek tek plastikle sarın.
ğ) Yuvarlayıp şekillendirmeden önce en az 1 saat soğutun.

Ravent GÜLLERİ

h) Küçük bir soyma bıçağıyla ravent saplarını uzunlamasına, yaklaşık ⅛ inç kalınlığında ince, uzun şeritler halinde dikkatlice dilimleyin.
ı) Geniş tabanlı bir tencereye su ve şekeri ekleyin ve orta-alçak ateşte kaynamaya bırakın. Şeker tamamen eriyene kadar çırpıyoruz . Daha sonra birkaç damla gül ekstresini karıştırın.
i) Ravent şeritlerini gruplar halinde ekleyin ve yumuşak ve esnek hale gelinceye kadar, ancak yapışkan hale gelmeden önce yaklaşık 45 saniye orta-düşük ateşte pişirin. Kağıt havlularla kaplı bir fırın tepsisine aktarın.
j) Kurdeleler soğuduktan sonra gülleri şekillendirmeye başlayabilirsiniz. Bir ucunu baş parmağınız ve işaret parmağınız arasında tutarak başlayın, ardından bir gül şekli oluşana kadar işaret parmağınızın etrafına sıkıca sarın. Yaklaşık ½ inçlik şerit kaldığında, gülün şeklini korumak için yavaşça ortasından geçirin. Gülleri tekrar fırın tepsisine yerleştirin. Tüm şeritlerle aynı işlemi tekrarlayın.

ÇİLEK DOLGU

k) Çilekleri ¼"-½" yuvarlak dilimleyin ve bir karıştırma kabına yerleştirin.
l) Bir limonun kabuğunu ve suyunu ekleyin, üzerine şeker serpin ve kaplayın. Tapyoka nişastasını karıştırın ve 15 dakika bekletin.

GALETLERİN OLUŞTURULMASI

m) Daha küçük hamur disklerini 8" turlara veya daha büyük diskleri yaklaşık ⅛" - ¼" kalınlığında 12"-14" turlara yuvarlayın.
n) Çilekleri, küçük galetler için 2 inçlik bir kenarlık veya daha büyük galetler için 3 inçlik bir kenarlık bırakarak, hamur turlarının ortasına yavaşça eşit bir şekilde dağıtın.
o) Siz ilerledikçe yaklaşık 8 kez katlanmalıdır.
ö) Açıkta kalan çilek karışımının üzerine bir buket ravent gülü ekleyin.
p) Galetleri, pişirme kağıdı serili fırın tepsisine, iki küçük galet /yaprak veya bir büyük galet /yaprak üzerine yerleştirin.
r) Fırını önceden 375°'ye ısıtın ve fırın ön ısıtma yaparken galetleri 10-15 dakika soğutun.
s) Yumurtaları küçük bir kapta birlikte çırpın. Karışımı hamurun üzerine hafifçe fırçalayın ve üzerine köpüklü şeker serpin.
ş) Tavaları yarıya kadar çevirerek 35-40 dakika pişirin. Kabuk koyu altın renginde olmalı ve meyve yumuşak olmalıdır.
t) Servis etmeden önce soğumasını bekle. Renk ve çıtırlık katmak için birkaç tam fıstık serpin. Servis yapmak için takozlar halinde dilimleyin.
u) galette için küçük bir teneke folyo çadırı yapın ve ilk 25 dakika boyunca meyveli orta kısmı örtün (hamurun kenarını açıkta bırakın). Pişirmenin son 10 dakikasında çadırları çıkarın.

50.Elmalı ve Fındıklı Galette

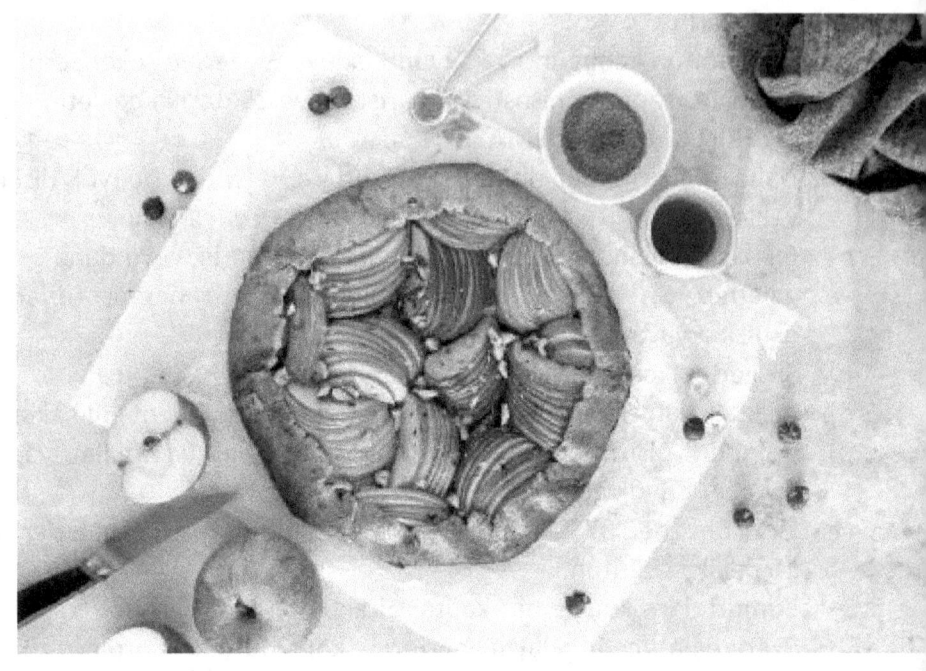

İÇİNDEKİLER:

- 50g açık kahverengi yumuşak şeker, ayrıca serpmek için ekstra
- ½ limon, kabuğu rendelenmiş ve suyu sıkılmış
- 1 yemek kaşığı mısır unu
- 1 yemek kaşığı akçaağaç şurubu
- 3 Bramley elması, soyulmuş, çekirdeği çıkarılmış, yarıya bölünmüş ve ince dilimlenmiş
- 20 gr fındık, kabaca doğranmış
- çift krema, servis etmek için

BÖREK İÇİN

- 80g fındık
- 2 yemek kaşığı pudra şekeri
- 125 gr kavuzlu un
- 175g sade un, ayrıca toz almak için ekstra
- 150 gr soğuk tereyağı, küp şeklinde
- 1 yumurta, dövülmüş

TALİMATLAR:

a) İlk önce pastayı yapın. Fındık ve şekeri mutfak robotunda incecik kıyılana kadar çekin.

b) Kavuzlu ve sade unu, tereyağını ve bir tutam tuzu ekleyin ve tüm tereyağı karışıncaya ve karışım kumlu olana kadar tekrar karıştırın.

c) Motor çalışırken, hamur topaklar halinde oluşmaya başlayana kadar 1-2 yemek kaşığı soğuk su dökün.

ç) Parmaklarınızın arasında biraz sıkın; eğer bir araya gelecekmiş gibi geliyorsa, karışımı çalışma yüzeyinize dökün ve kısa bir süre yoğurup top haline getirin. Bir disk haline getirin, sarın ve 30 dakika veya gece boyunca soğutun.

d) Hamur işi 30 dakikadan uzun süre soğutulmuşsa , yuvarlamadan önce 20 dakika oda sıcaklığına gelmesini bekleyin. Esmer şekeri, limon kabuğu rendesini, mısır ununu ve akçaağaç şurubunu geniş bir kapta karıştırın. Elmaları ekleyin ve iyice atın. Hamuru açarken bir kenara koyun.

e) Fırını 180C/160C fan/gaza ısıtın 4. Büyük bir fırın tepsisini unla kaplamaya yetecek büyüklükte bir fırın parşömen kağıdını tozlayın, ardından hamuru parşömen üzerine yaklaşık 30 cm'lik bir daire şeklinde açın.

f) Hamur işi yuvarlarken biraz çatlayacak ve ufalanacaktır, ancak kenarları bir araya getirmeye devam edin; rustik görünüyorsa endişelenmeyin . Hamuru parşömen üzerine fırın tepsisine kaydırın. Ellerinizi kullanarak elma dilimlerini hamur işi çemberinin ortasına yığının, fazla şurubu yaptığınız gibi kaseye geri akıtın (şurubu daha sonra kullanmak üzere saklayın). Kenar çevresinde 2 cm'lik net bir kenarlık bıraktığınızdan emin olun.

g) Hamur işinin kenarlarını elmaların üzerine kaldırarak elmaların çoğunu açıkta bırakmanıza yardımcı olması için pişirme parşömenini kullanın.

ğ) Rustik bir pasta sınırı oluşturmak için kenardaki çatlakları sıkıştırın.

h) Hamurun kenarına çırpılmış yumurta sürün, biraz fazla esmer şeker serpin ve fındıkları üzerine serpin. Altın kahverengi olana kadar 50-55 dakika pişirin.

ı) Bu arada, elmalardan kalan şurubu küçük bir tencereye dökün ve şurup kıvamına gelene kadar birkaç dakika köpürtün. Galette pişip hala sıcakken üzerine şerbeti sürün.

i) En az 30 dakika soğumaya bırakın ve ardından soğuk kremayla sıcak olarak servis yapın.

BİTKİ GALETLERİ

51.Altın Domates ve Fesleğen Galette

İÇİNDEKİLER:
GALETTE HAMURU İÇİN:
- 1 ¼ bardak çok amaçlı un
- ½ çay kaşığı tuz
- ½ bardak tuzsuz tereyağı, soğuk ve küçük küpler halinde kesilmiş
- 2 ila 4 yemek kaşığı buzlu su

DOLGU İÇİN:
- 3 su bardağı altın kiraz domates, ikiye bölünmüş
- 1 su bardağı taze fesleğen yaprağı, doğranmış
- 1 su bardağı mozzarella peyniri, rendelenmiş
- 2 yemek kaşığı zeytinyağı
- 2 diş sarımsak, kıyılmış
- Tatmak için biber ve tuz

MONTAJ İÇİN:
- 1 yumurta, çırpılmış (yumurta yıkamak için)
- Rendelenmiş Parmesan peyniri (isteğe bağlı, üzeri için)

TALİMATLAR:
GALET HAMUR:
a) Bir mutfak robotunda un ve tuzu birleştirin. Soğuk, küp küp tereyağını ekleyin ve karışım iri kırıntılara benzeyene kadar nabız atın.
b) Her seferinde bir çorba kaşığı olacak şekilde yavaş yavaş buzlu su ekleyin ve hamur bir araya gelinceye kadar nabız atın. Fazla işlem yapmamaya dikkat edin.
c) Hamuru unlu bir yüzeye çevirin, disk haline getirin, streç filmle sarın ve en az 30 dakika buzdolabında saklayın.

DOLGU:
ç) Fırınınızı önceden 375°F (190°C) ısıtın.
d) Bir kasede ikiye bölünmüş altın kiraz domatesleri doğranmış fesleğen, mozzarella peyniri, zeytinyağı, kıyılmış sarımsak, tuz ve karabiberle karıştırın. İyice birleşene kadar karıştırın.

TOPLANTI:
e) Soğutulmuş hamuru unlu bir yüzeyde yaklaşık 12 inç çapında bir daire şeklinde açın.
f) Açılan hamuru parşömen kaplı bir fırın tepsisine aktarın.

g) Hamurun ortasına domates ve fesleğen dolgusunu kaşıkla dökün, kenarlarda yaklaşık 2 inç hamur bırakın.
ğ) Hamurun kenarlarını dolgunun üzerine katlayarak rustik, serbest biçimli bir şekil oluşturun.
h) Altın rengi bir görünüm elde etmek için hamurun kenarlarını çırpılmış yumurta ile fırçalayın.
ı) İsteğe göre üzerine biraz rendelenmiş parmesan peyniri serpebilirsiniz.

PİŞİRME:
i) Önceden ısıtılmış fırında 30-35 dakika veya kabuk altın rengi kahverengi olana ve domatesler yumuşayana kadar pişirin.
j) Fırından çıkarın ve dilimlemeden önce birkaç dakika soğumasını bekleyin.
k) Sıcak servis yapın ve lezzetli Altın Domates ve Fesleğen Galette'nizin tadını çıkarın !

52.Kekik Kokulu Elma Galette

İÇİNDEKİLER:
BÖREK HAMURU İÇİN:
- 1½ su bardağı çok amaçlı un
- ¼ bardak şekerleme şekeri
- 1 çay kaşığı tuz
- 1½ çubuk soğuk tuzsuz tereyağı, parçalar halinde kesilmiş (¾ bardak)
- 1 büyük yumurta sarısı
- 2 yemek kaşığı soğuk su

SIRLAMA İÇİN:
- 4 orta boy Gala veya Empire elması (yaklaşık 2 pound)
- ¼ bardak beyaz şarap
- ⅓ su bardağı şeker
- ½ bardak beyaz şarap
- ½ su bardağı elma jölesi
- ¼ fincan gevşek paketlenmiş taze kekik dalları
- Süsleyin: Taze kekik dalları ve 1 yemek kaşığı taze kekik yaprağı

TALİMATLAR:
BÖREK HAMURU İÇİN:
a) Bir kapta un, şekerleme şekeri ve tuzu karıştırın.
b) Bir hamur karıştırıcısı veya parmak uçlarınızı kullanarak, karışım kaba bir öğüne benzeyene kadar tereyağını karıştırın.
c) Küçük bir kapta yumurta sarısını ve soğuk suyu karıştırın.
ç) Yumurta sarısı karışımını, her seferinde bir çorba kaşığı un karışımına ekleyin ve karışım bir hamur oluşana kadar karıştırın.
d) Undaki glüteni geliştirmek ve hamurun işlenmesini kolaylaştırmak için, çalışma yüzeyinde elinizin tabanıyla hamuru birkaç kez ileri doğru sürün.
e) Bir top oluşturmak için hamuru birlikte kazıyın ve 1 inç kalınlığında bir diske kadar düzleştirin.
f) Plastik sargıya sarılı hamuru 30 dakika soğutun.

GALETTE İÇİN:
g) Elmaları ikiye bölün ve çekirdeklerini çıkarın (soymayın) ve ¼ inçlik dilimler halinde çapraz olarak kesin.
ğ) Büyük bir kapta elma dilimlerini yavaşça şarapla karıştırın.

h) Fırını önceden 400°F'ye ısıtın.
ı) Hafifçe unlanmış bir yüzeyde hamuru 15 inçlik bir yuvarlak halinde açın ve büyük bir fırın tepsisine aktarın.
i) Bir kenarlık oluşturmak için kenarı 1 inç boyunca katlayın.
j) Elma dilimlerini üst üste binen eşmerkezli daireler halinde hamur turunun üzerine yerleştirin.
k) Elma dilimlerini ve hamur işi kenarlarını kasede kalan şarapla fırçalayın ve üzerine şeker serpin.
l) Galetteyi 45 dakika veya elmalar yumuşayana ve hamur kenarları altın rengi oluncaya kadar pişirin .
m) Galetteyi fırın tepsisinde bir rafta soğutun .

SIRLAMA İÇİN:
n) Küçük bir tencerede şarabı jöle ve kekikle birlikte sıvı yarı yarıya azalıncaya kadar yaklaşık 15 dakika pişirin.
o) Delikli bir kaşıkla kekiği çıkarın ve sıcak kremayı elma dilimlerinin üzerine cömertçe fırçalayın.
ö) Galetteyi kekik dalları ve yapraklarıyla süsleyin .
p) Kekik Kokulu Elma Galette'nizi servis edin ve tadını çıkarın !

53.Kabak , Tarhun ve Kekik Galette

İÇİNDEKİLER:

BÖREK İÇİN:
- 350g sade un, ayrıca toz almak için ekstra
- ½ çay kaşığı pudra şekeri
- 250 gr soğuk tereyağı, küp şeklinde kesilmiş

DOLGU İÇİN:
- 2-3 mm kalınlığında halkalar halinde dilimlenmiş 4 büyük kırmızı soğan
- 1 yemek kaşığı zeytinyağı
- 1 çay kaşığı kekik yaprağı, ayrıca serpmek için ekstra
- 10 gr tarhun, yaprakları toplanmış ve kabaca doğranmış
- mm kalınlığında yuvarlak dilimlenmiş 3 orta boy kabak
- 1 yumurta, dövülmüş

TALİMATLAR:

a) Hamuru hazırlamak için unu bir kaseye eleyin ve bir tutam tuz ve şekerle karıştırın. Karışım iri ekmek kırıntısı görünümüne gelinceye kadar parmak uçlarınızı kullanarak tereyağını unun içine sürün.

b) Bir çatal bıçak kullanarak, hamurları bir hamur haline getirecek kadar soğuk suyla karıştırın (5-6 yemek kaşığı kadar kullanabilirsiniz). Hamuru top haline getirin ve disk şeklinde düzleştirin. Sarıp buzdolabında 30 dakika kadar soğutun.

c) İç harcı için, soğanları yağ ve kekik yapraklarıyla birlikte bir tavada orta ateşte, soğanlar yumuşayıp yarı saydam hale gelene kadar, ancak rengi değişene kadar, orta ateşte 20 dakika pişirin. Baharatlayın, ocaktan alın ve soğumaya bırakın.

ç) Fırını 200C/180C fan/gaza ısıtın 6. Soğutulmuş hamuru hafifçe unlanmış bir yüzey üzerinde yaklaşık 3 mm kalınlığında büyük bir dikdörtgen şeklinde açın.

d) Hamur dikdörtgenini büyük bir fırın tepsisine aktarın, soğan dolgusunu ortasına kaşıkla koyun ve kenarlarında 5 cm kenarlık kalacak şekilde eşit şekilde dağıtın.

e) Tarhun üzerine serpin, ardından kabak dilimlerini üst üste gelecek şekilde soğanların üzerine yerleştirin. Kabakları baharatlayın ve üzerine biraz ekstra kekik serpin.

f) Hamurun kenarlarını, dolgunun kenarıyla örtüşecek ve ortasını açıkta bırakacak şekilde katlayın. Hamur katlarını köşelerden aşağıya doğru hafifçe bastırarak sabitleyin, ardından hamurları çırpılmış yumurtayla fırçalayın.

g) Galetteyi , hamur altın rengi kahverengi olana ve kabaklar yumuşak ve hafif altın rengi olana kadar 40-50 dakika pişirin . Servis yapmadan önce birkaç dakika soğumaya ve sertleşmeye bırakın.

54.Biberiyeli Elma Galette

İÇİNDEKİLER:
- 4-5 orta boy elma, ince dilimlenmiş
- ⅓ su bardağı toz şeker
- 1 yemek kaşığı çok amaçlı un
- 1 çay kaşığı taze biberiye, ince doğranmış
- 1 çay kaşığı limon kabuğu rendesi
- 1 soğutulmuş pasta kabuğu (veya ev yapımı)

TALİMATLAR:
a) Fırınınızı önceden 375°F (190°C) ısıtın.
b) Bir kapta dilimlenmiş elmaları, şekeri, unu, biberiyeyi ve limon kabuğu rendesini birleştirin. Elmalar kaplanana kadar atın.
c) Pasta kabuğunu açın ve bir fırın tepsisine yerleştirin.
d) Elma dilimlerini hamurun ortasına, kenarlarında bir kenarlık bırakarak yerleştirin.
e) Kabuğun kenarlarını elmaların üzerine katlayarak rustik bir galette şekli oluşturun.
f) 30-35 dakika veya kabuk altın rengi kahverengi olana ve elmalar yumuşayana kadar pişirin.
g) galettenin biraz soğumasını bekleyin.

55. Armut Adaçayı Galette

İÇİNDEKİLER:

KABUK:
- 1 ½ su bardağı çok amaçlı un
- 2 yemek kaşığı toz şeker
- 1 çay kaşığı kabartma tozu
- ⅛ çay kaşığı tuz
- 3 yemek kaşığı portakal aromalı zeytinyağı
- 3 yemek kaşığı keskin zeytinyağı
- 4 ½ yemek kaşığı/67ml soğuk su

DOLGU:
- 4/700 gr Bosc Armut
- 2 yemek kaşığı / 30ml limon suyu
- 3 yemek kaşığı / 38g esmer şeker
- 2 yemek kaşığı/15g çok amaçlı un
- 2 adaçayı yaprağı

SIR:
- 1 yumurta beyazı
- 1 yemek kaşığı/15ml su
- 1 yemek kaşığı/13g toz şeker

TALİMATLAR:

KABUK YAPIN

a) Un, şeker, kabartma tozu ve tuzu birleştirin. Zeytinyağını iki bıçakla (çapraz açılı kullanın) veya hamur karıştırıcısıyla kesin.

b) Zeytinyağı bezelye büyüklüğünde topaklar halinde olduğunda, su ekleyin ve hamur işi tüylü bir kütle haline gelinceye kadar benzer şekilde kesin. Eğer hamur toparlanamıyorsa, bir defada ½ yemek kaşığı daha fazla su ekleyebilirsiniz.

c) Ellerinizi kullanarak hamur işini tek bir yapışkan kütleye dönüştürün. Plastik ambalajla örtün ve en az 1 saat buzdolabında saklayın.

DOLUMU HAZIRLAYIN

ç) Armutları uzunlamasına ⅛" kalınlığında parçalar halinde dilimleyin (kabuğu açık bırakın).

d) 2 adaçayı yaprağını kıyın.

e) Armutları kıyılmış adaçayı, limon suyu, esmer şeker ve unla karıştırın.
f) Bir kenara koyun.
g) Fırını 350F'ye önceden ısıtın.
ğ) Hamur işlerini hafifçe unlanmış iki parşömen kağıdı arasında 14-16 inçlik bir daire ¼ inç kalınlığında açın. Mükemmel bir daire çizmek için bir tabak kullanın veya rustik bir görünüm için kenarları bırakın.
h) Parşömenin üst katmanını çıkarın. Rulo hamurları bir fırın tepsisine yerleştirin; parşömenin alt katmanını olduğu gibi bırakın. Bu noktada hamur işinin kenarlarının kağıdın kenarında olması sorun değildir.
ı) Armut karışımını hamur işinin 10 inç veya 11 inçlik ortasına yığının veya dikkatlice düzenleyin. Boyunca yaklaşık aynı kalınlığa kadar düzleştirin. Kaldırmaya yardımcı olması için parşömen kullanarak, hamur işinin kenarlarını armutların üzerine 6 kenar oluşturacak şekilde katlayın (daha sonra parşömeni düz bir şekilde geri çekin).
i) Üst üste binen alanları birbirine yapıştırmak için bastırın.
j) Vegan yapıyorsanız bu adımı atlayın. Yumurta beyazını suyla çırpın. Açıkta kalan tüm hamur işlerinin üzerine hafifçe fırçalayın. Üzerine ince bir tabaka toz şeker serpin.
k) Hamur işi altın rengi kahverengi olana ve içi köpürene kadar 40-50 dakika pişirin. Servis yapmadan önce en az 20 dakika soğumaya bırakın.
l) Bir parça krema fraiche veya çırpılmış krema ile mükemmel.

56.Bezelye, Ricotta ve Dereotu Galette

İÇİNDEKİLER:
PARMESANLI BÖREK İÇİN:
- 1 ¼ bardak çok amaçlı un
- ½ bardak tuzsuz tereyağı, soğuk ve küçük küpler halinde kesilmiş
- ¼ su bardağı rendelenmiş parmesan peyniri
- ¼ çay kaşığı tuz
- 2 ila 4 yemek kaşığı buzlu su

DOLGU İÇİN:
- 2 su bardağı taze veya dondurulmuş bezelye, çözülmüş
- 1 su bardağı ricotta peyniri
- ¼ su bardağı rendelenmiş parmesan peyniri
- 2 yemek kaşığı taze dereotu, doğranmış
- Bir limonun kabuğu rendesi
- Tatmak için biber ve tuz

MONTAJ İÇİN:
- 1 yumurta, çırpılmış (yumurta yıkamak için)
- Serpmek için ekstra Parmesan peyniri (isteğe bağlı)

TALİMATLAR:
PARMESANLI BÖREK:
a) Bir mutfak robotunda un, rendelenmiş Parmesan ve tuzu birleştirin. Soğuk, küp küp tereyağını ekleyin ve karışım iri kırıntılara benzeyene kadar nabız atın.
b) Her seferinde bir çorba kaşığı olacak şekilde yavaş yavaş buzlu su ekleyin ve hamur bir araya gelinceye kadar nabız atın. Fazla işlem yapmamaya dikkat edin.
c) Hamuru unlu bir yüzeye çevirin, disk haline getirin, streç filmle sarın ve en az 30 dakika buzdolabında saklayın.

DOLGU:
ç) Fırınınızı önceden 375°F (190°C) ısıtın.
d) Bir kapta bezelye, ricotta peyniri, rendelenmiş Parmesan, doğranmış dereotu, limon kabuğu rendesi, tuz ve karabiberi karıştırın.

TOPLANTI:
e) Soğutulmuş Parmesan hamurunu unlu bir yüzeyde yaklaşık 12 inç çapında bir daire şeklinde açın.

f) Açılan hamuru parşömen kaplı bir fırın tepsisine aktarın.
g) Bezelye ve ricotta dolgusunu hamurun ortasına kaşıkla dökün, kenarlarda yaklaşık 2 inç hamur bırakın.
ğ) Hamurun kenarlarını dolgunun üzerine katlayarak rustik, serbest biçimli bir şekil oluşturun.
h) Altın rengi bir görünüm elde etmek için hamurun kenarlarını çırpılmış yumurta ile fırçalayın. İsteğe bağlı olarak üstüne biraz ekstra Parmesan peyniri serpin.

PİŞİRME:
ı) Önceden ısıtılmış fırında 30-35 dakika veya kabuk altın rengi kahverengi olana ve dolgu hazır olana kadar pişirin.
i) Fırından çıkarın ve dilimlemeden önce birkaç dakika soğumasını bekleyin.
j) Sıcak servis yapın ve Parmesan Böreği ile Bezelye, Ricotta ve Dereotu Galette'nizin tadını çıkarın !

57. Kuşkonmaz ve Frenk Soğanı Galette

İÇİNDEKİLER:
KABUĞU İÇİN:
- 1 ½ bardak (180g) King Arthur Ağartılmamış Çok Amaçlı Un
- ½ çay kaşığı sofra tuzu
- 2 ons (57g) krem peynir, soğuk
- 4 yemek kaşığı (57g) tuzsuz tereyağı, soğuk
- 4 ila 6 yemek kaşığı (57g ila 85g) su, soğuk

DOLGU İÇİN:
- 1 orta boy kuşkonmaz
- 2 ila 3 yemek kaşığı (25g ila 35g) zeytinyağı
- ¾ bardak (170g) ricotta peyniri
- 1 büyük yumurta
- ½ bardak (57g) rendelenmiş Parmesan peyniri, bölünmüş
- ¼ bardak (11g) doğranmış taze frenk soğanı
- 1 çay kaşığı limon kabuğu rendesi (rendelenmiş kabuk)

YUMURTA YIKAMA İÇİN:
- 1 çorba kaşığı su ile çırpılmış 1 büyük yumurta

TALİMATLAR:
KABUK YAPIN:
a) Unu ve tuzu birlikte çırpın.
b) Karışım ufalanana kadar soğuk krem peynir ve tereyağında çalışın.
c) Eşit şekilde nemlendirmek için 4 yemek kaşığı soğuk suya dökün. Yapışkan bir hamur yapmak için gerekirse kalan suyu ekleyin.
ç) Hamuru ¾" kalınlığında bir diske dökün, sarın ve 30 dakika buzdolabında saklayın.

DOLGUYU YAPIN:
d) Fırını önceden 425°F'ye ısıtın.
e) Kuşkonmaz saplarının diplerindeki odunsu sapları kesin ve mızrakları kaplamak için zeytinyağına atın.
f) Kuşkonmazı parşömen kaplı bir fırın tepsisine tek kat halinde yerleştirin ve hafifçe kızarıncaya kadar 10 ila 15 dakika kızartın. Çıkarın ve oda sıcaklığına soğutun. Kuşkonmazı 1 ½ "parçalara kesin.
g) Orta boy bir kapta ricotta, yumurta, Parmesan'ın yarısı, frenk soğanı ve limon kabuğu rendesini karıştırın.

GALETİ MONTAJI:
ğ) Hafifçe unlanmış bir yüzeyde, soğutulmuş hamuru 14 inçlik bir daireye yuvarlayın ve parşömen kaplı bir fırın tepsisine aktarın.
h) Ricotta karışımını hamurun üzerine eşit şekilde yayın ve dış kenarın etrafında 2 inç genişliğinde bir şerit açık bırakın.
ı) Kavrulmuş kuşkonmaz parçalarını dolgunun üzerine dizin.
i) Hamurun çıplak kenarlarını gerektiği gibi katlayarak merkeze doğru katlayın.
j) galetin tamamına serpin .

PİŞMEK:
k) Kabuk altın kahverengi olana ve dolgu kabarcıklı hale gelinceye kadar, önceden ısıtılmış 425°F fırında 25 ila 30 dakika pişirin.
l) Fırından çıkarın ve 10 dakika kadar soğumasını bekledikten sonra sıcak olarak servis yapın veya soğutup oda sıcaklığında servis yapın.
m) Galetteyi 1 haftaya kadar kapalı ve buzdolabında saklayın .

58.Domates, Peynir ve Kekikli Galette

İÇİNDEKİLER:

- 1 x 320g hazır haddelenmiş puf böreği
- 3 yemek kaşığı domates sosu veya Hint turşusu
- 5 ila 6 domates (ince dilimlenmiş)
- 1 yemek kaşığı kapari
- 1 yemek kaşığı taze doğranmış kekik + garnitür için ekstra
- 50 gr ince rendelenmiş kaşar peyniri
- Tatmak için biber ve tuz
- Süt, sırlamak için

TALİMATLAR:

a) Fırını 200C/400F/Gaz'a önceden ısıtın 6. Büyük bir pizza tepsisini veya fırın tepsisini hizalayın ve/veya yağlayın.

b) Hazır açılan yufkayı kare veya dikdörtgen ise tepsiye sığacak şekilde büyük yuvarlak şeklinde kesin. Pişirme kağıdının üzerine dizin. Lezzeti veya Hint turşusunu hamur işinin üzerine, neredeyse hamur dairesinin kenarına kadar yayın.

c) Üzerine dilimlenmiş domatesleri dizin, ardından kaparileri, doğranmış kekiği ve rendelenmiş peyniri üstüne serpin. Tuz ve karabiberle tatlandırın.

ç) Hamur işi dairesinin kenarlarını yukarı kaldırın ve dolgunun etrafında bir kabuk yapın, fotoğraflara bakın, böylece tart veya galette açık yüzlü bir tart gibi olur. Sütü pastanın üzerine sürerek parlatın.

d) 25 ila 30 dakika kadar veya hamur işi pişip kabarıncaya, peynir eriyene ve domatesler pişip neredeyse karamelize olana kadar pişirin.

e) Dilimler halinde kesilmiş, üzerine taze kekik serpilmiş, karışık salata ve/veya mevsim sebzeleri ile hemen servis yapın.

59. Otlu Havuç ve Krem Peynirli Galette

İÇİNDEKİLER:
HAMUR:
- 2 su bardağı Badem Unu
- ⅔ bardak Tapyoka Unu/Nişasta
- ½ çay kaşığı tuz
- 2 yemek kaşığı taze biberiye – doğranmış
- 8 yemek kaşığı soğuk tereyağı
- 1 yumurta

GALETTE:
- 4-6 orta boy havuç
- ½ çay kaşığı tuz
- 1 yemek kaşığı zeytinyağı
- 1 yemek kaşığı susam yağı
- 8 ons yumuşatılmış krem peynir
- 4 soğan – doğranmış
- yumurta yıkama - 1 yumurta + su sıçraması
- ¼ bardak kavrulmuş susam
- ½ çay kaşığı pul biber tuzu

TALİMATLAR:
a) Badem unu, tapyoka nişastası, tuz ve doğranmış biberiyeyi büyük bir karıştırma kabında birleştirin.

b) Eşit bir şekilde birleştirmek için çırpın. Soğuk tereyağını küçük parçalar halinde rendeleyin veya kesin.

c) Badem unu karışımını ekleyin ve tereyağını unun içine yoğurmaya başlayın. Dokusu ıslak kuma benzediğinde yumurtayı ekleyin ve pürüzsüz bir hamur topu elde edene kadar yoğurun.

ç) Hamuru plastik ambalaja sarın ve kullanıma hazır oluncaya kadar 30 dakika dondurucuda veya buzdolabında saklayın.

d) Hamur soğurken havuçları sebze soyucuyla uzun şeritler halinde dilimleyin. Dilimlenmiş havuçları tuz, zeytinyağı ve susam yağıyla dolu bir kaseye koyun. Eşit şekilde kaplamak için fırlatın ve bir kenara koyun.

e) Yumuşatılmış krem peyniri doğranmış yeşil soğanlarla birleştirin ve bir kenara koyun.

f) Fırını 425 dereceye kadar önceden ısıtın. Bir fırın tepsisini parşömen kağıdıyla hizalayın.
g) Galetteyi birleştirmek için hamuru parşömenle kaplı fırın tepsisine yerleştirin.
ğ) Hamuru yaklaşık 11 inçlik bir yuvarlak halinde açın. Hamurun üzerine yeşil soğan krem peynirini sürün ve kenar çevresinde 1 inçlik açık bir kenar bırakın.
h) Krem peyniri havuçla doldurun, havuçtan çıkmış olabilecek fazla nemi silkelediğinizden emin olun. Galette hamurunun kenarlarını dolguların üzerine katlamak için parşömen kullanın.
ı) Kabuğu yumurta akı ile yağlayın ve üzerine susam serpin. Fırının orta rafında 30-35 dakika kadar pişirin. Havuçların üst kısımları yanmaya başlarsa son dakikalarda galeteye bir parça folyo koyun.
i) Galetteyi fırından çıkarın ve 10-15 dakika soğumaya bırakın. Bir tutam pul pul tuz serpin ve sıcak servis yapın!

60. Böğürtlen Nane Galette

İÇİNDEKİLER:
KABUĞU İÇİN:
- 1 fincan çok amaçlı un
- 2 yemek kaşığı mısır unu
- 4 yemek kaşığı tereyağı veya vegan tereyağı
- 5-6 yemek kaşığı buzlu su
- 1 yemek kaşığı hindistan cevizi şekeri + üzeri için daha fazla
- ¼ çay kaşığı tuz

DOLGU İÇİN:
- 2 su bardağı taze böğürtlen
- 2 yemek kaşığı taze nane, ince doğranmış
- 2 yemek kaşığı hindistan cevizi şekeri
- ½ limon, suyu sıkılmış
- 1 yemek kaşığı mısır nişastası

TALİMATLAR:
KABAĞI HAZIRLAYIN:

a) Büyük bir kapta un, mısır unu, hindistan cevizi şekeri ve tuzu karıştırın.

b) 4 yemek kaşığı çok soğuk tereyağını ekleyin ve un karışımını bir çatal veya bıçak kullanarak ufalanana kadar kesin.

c) Hamur birbirine yapışmaya başlayana kadar karıştırarak, her seferinde 2 yemek kaşığı buzlu su ekleyin.

ç) Hamuru bir daire veya düzleştirilmiş daire şeklinde kalıplayın, parşömen kağıdına sarın ve 45 dakika ila 1 saat buzdolabında saklayın.

d) Fırınınızı 325°F'ye önceden ısıtın.

e) Hamur soğurken böğürtlenleri bir kasede nane, limon suyu, hindistan cevizi şekeri ve mısır nişastasıyla karıştırın. 30 dakika bekletin.

HAMURU AÇIN:

f) Hamur soğuduktan sonra yağlı kağıt üzerinde merdaneyle yarım santim kalınlığında açın.

g) Hamura delikler açın ve ortasına böğürtlen karışımını kaşıklayın.

ğ) Böğürtlenleri kapatmak için kenarlarını katlayın, elinizle biraz şekil verin.

h) Kabuğun kenarını eritilmiş tereyağı (veya vegan tereyağı) ve bir tutam hindistan cevizi şekeri ile kaplayın.

PİŞMEK:

ı) Galette ve parşömen kağıdını bir fırın tepsisine aktarın ve 45 dakika veya altın kahverengi olana kadar pişirin.

i) Bittiğinde, galettenin en az 10 dakika soğumasını bekleyin.

61.Limonlu Kekik ve Yaban Mersinli Galette

İÇİNDEKİLER:
- 1 yaprak mağazadan satın alınan puf böreği, çözülmüş
- 2 su bardağı taze yaban mersini
- 1 limon kabuğu rendesi ve
- 2 yemek kaşığı limon suyu
- 1/4 su bardağı toz şeker
- 1 yemek kaşığı mısır nişastası
- 1 yemek kaşığı taze kekik yaprağı
- 1 yumurta, çırpılmış (yumurta yıkamak için)
- Üzerine serpmek için pudra şekeri (isteğe bağlı)

TALİMATLAR:
a) Fırınınızı önceden 375°F'ye (190°C) ısıtın ve fırın tepsisini parşömen kağıdıyla kaplayın.
b) Bir kapta taze yaban mersini, limon kabuğu rendesi, limon suyu, toz şeker, mısır nişastası ve taze kekik yapraklarını birleştirin. Yaban mersinleri eşit şekilde kaplanana kadar yavaşça fırlatın.
c) Çözülmüş puf böreği tabakasını hafifçe unlanmış bir yüzey üzerinde yaklaşık 12 inç çapında kaba bir daire şeklinde açın.
ç) Açılan puf böreğini hazırlanan fırın tepsisine aktarın.
d) Yaban mersinli karışımını puf böreğinin ortasına kaşıkla dökün ve kenarlarda yaklaşık 2 inçlik bir kenarlık bırakın.
e) galette şekli oluşturmak için puf böreğinin kenarlarını yaban mersini üzerine katlayın ve gerektiği kadar katlayın.
f) Piştiğinde altın rengini vermek için hamurun kenarlarını çırpılmış yumurta ile fırçalayın.
g) Önceden ısıtılmış fırında 25-30 dakika veya hamur işi altın rengi kahverengi olana ve yaban mersinleri köpürene kadar pişirin.
ğ) Fırından çıkarın ve servis etmeden önce galettenin biraz soğumasını bekleyin.
h) İsteğe göre servis yapmadan önce üzerine pudra şekeri serpebilirsiniz.
ı) Enfes Limonlu Kekik ve Yaban Mersinli Galette'nizi dilimleyin ve tadını çıkarın!

62.Fesleğen ve Kiraz Domates Galette

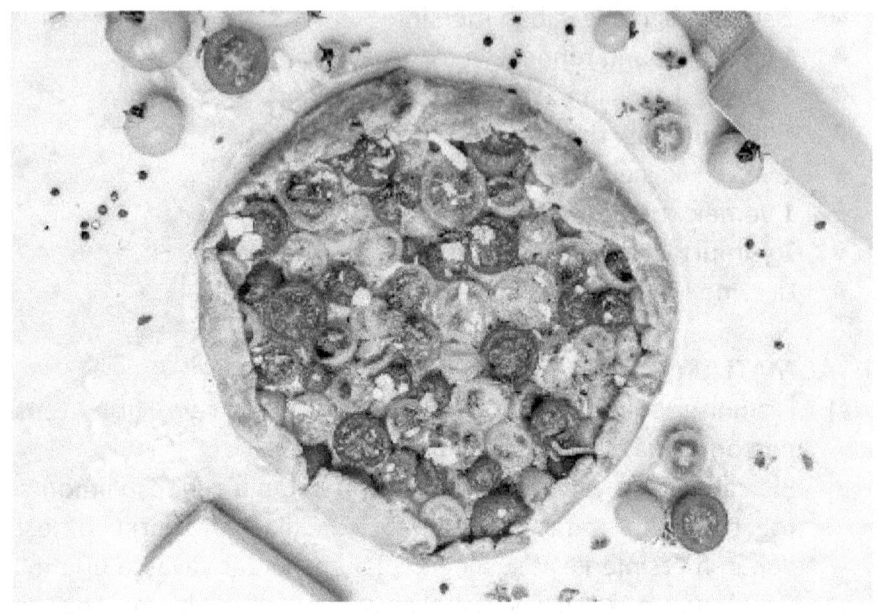

İÇİNDEKİLER:

- 1 yaprak mağazadan satın alınan puf böreği, çözülmüş
- 2 su bardağı kiraz domates, ikiye bölünmüş
- 1/4 su bardağı rendelenmiş parmesan peyniri
- 2 yemek kaşığı taze fesleğen yaprağı, doğranmış
- 1 yemek kaşığı zeytinyağı
- Tatmak için biber ve tuz
- 1 yumurta, çırpılmış (yumurta yıkamak için)

TALİMATLAR:

a) Fırınınızı önceden 375°F'ye (190°C) ısıtın ve fırın tepsisini parşömen kağıdıyla kaplayın.
b) Bir kapta çeri domatesleri rendelenmiş Parmesan peyniri, doğranmış fesleğen yaprakları, zeytinyağı, tuz ve karabiberle karıştırın.
c) Puf böreği tabakasını hafifçe unlanmış bir yüzeyde yaklaşık 12 inç çapında kaba bir daire şeklinde açın.
ç) Açılan puf böreğini hazırlanan fırın tepsisine aktarın.
d) Kiraz domates karışımını puf böreğinin üzerine eşit şekilde yayın ve kenarlarda yaklaşık 2 inçlik bir kenarlık bırakın.
e) Milföy hamurlarının kenarlarını kiraz domatesin üzerine katlayın ve rustik bir galette şekli oluşturmak için gerektiği kadar katlayın.
f) Piştiğinde altın rengini vermek için hamurun kenarlarını çırpılmış yumurta ile fırçalayın.
g) Önceden ısıtılmış fırında 25-30 dakika veya hamur işi altın rengi kahverengi olana ve kiraz domatesler yumuşayana kadar pişirin.
ğ) Fırından çıkarın ve servis yapmadan önce biraz soğumasını bekleyin.
h) Lezzetli Fesleğen ve Kiraz Domates Galette'nizi dilimleyin ve tadını çıkarın !

63.Kişniş Limonlu Mısır Galette

İÇİNDEKİLER:
- 1 yaprak mağazadan satın alınan puf böreği, çözülmüş
- 2 su bardağı taze veya dondurulmuş mısır taneleri
- 1 limon kabuğu rendesi
- 2 yemek kaşığı limon suyu
- 1/4 su bardağı doğranmış taze kişniş
- 1/4 bardak ufalanmış cotija peyniri (veya beyaz peynir)
- Tatmak için biber ve tuz
- 1 yumurta, çırpılmış (yumurta yıkamak için)

TALİMATLAR:
a) Fırınınızı önceden 375°F'ye (190°C) ısıtın ve fırın tepsisini parşömen kağıdıyla kaplayın.
b) Bir kasede mısır tanelerini, limon kabuğu rendesini, limon suyunu, doğranmış kişnişi, ufalanmış cotija peynirini, tuzu ve karabiberi birleştirin.
c) Puf böreği tabakasını hafifçe unlanmış bir yüzeyde yaklaşık 12 inç çapında kaba bir daire şeklinde açın.
ç) Açılan puf böreğini hazırlanan fırın tepsisine aktarın.
d) Mısır karışımını puf böreğinin üzerine eşit şekilde yayın ve kenarlarda yaklaşık 2 inçlik bir kenarlık bırakın.
e) Milföy hamurlarının kenarlarını mısır karışımının üzerine katlayın, rustik bir galette şekli oluşturmak için gerektiği kadar katlayın.
f) Piştiğinde altın rengini vermek için hamurun kenarlarını çırpılmış yumurta ile fırçalayın.
g) Önceden ısıtılmış fırında 25-30 dakika veya hamur işi altın rengi kahverengi olana ve mısır iyice ısınana kadar pişirin.
ğ) Fırından çıkarın ve servis yapmadan önce biraz soğumasını bekleyin.
h) Lezzetli Kişniş Limonlu Mısır Galette'nizi dilimleyin ve tadını çıkarın!

64.Adaçayı ve Balkabagi Galette

İÇİNDEKİLER:

- 1 yaprak mağazadan satın alınan puf böreği, çözülmüş
- 2 su bardağı doğranmış balkabağı
- 2 yemek kaşığı zeytinyağı
- 1 yemek kaşığı doğranmış taze adaçayı yaprağı
- 1/4 su bardağı rendelenmiş parmesan peyniri
- Tatmak için biber ve tuz
- 1 yumurta, çırpılmış (yumurta yıkamak için)

TALİMATLAR:

a) Fırınınızı önceden 375°F'ye (190°C) ısıtın ve fırın tepsisini parşömen kağıdıyla kaplayın.
b) Bir kasede doğranmış balkabağını zeytinyağı, doğranmış adaçayı yaprakları, rendelenmiş Parmesan peyniri, tuz ve karabiberle karıştırın.
c) Balkabagi karışımını puf böreğinin üzerine eşit şekilde yayın ve kenarlarda yaklaşık 2 inçlik bir kenarlık bırakın.
ç) Puf böreği tabakasını hafifçe unlanmış bir yüzeyde yaklaşık 12 inç çapında kaba bir daire şeklinde açın.
d) Açılan puf böreğini hazırlanan fırın tepsisine aktarın.
e) Milföy hamurlarının kenarlarını balkabağı karışımının üzerine katlayın ve rustik bir galette şekli oluşturmak için gerektiği kadar katlayın.
f) Piştiğinde altın rengini vermek için hamurun kenarlarını çırpılmış yumurta ile fırçalayın.
g) Önceden ısıtılmış fırında 25-30 dakika veya hamur işi altın rengi kahverengi olana ve balkabağı yumuşayana kadar pişirin.
ğ) Fırından çıkarın ve servis yapmadan önce biraz soğumasını bekleyin.
h) Lezzetli Adaçayı ve Balkabağı Galette'nizi dilimleyin ve tadını çıkarın!

65.Nane Bezelye ve Beyaz Galette

İÇİNDEKİLER:
- 1 yaprak mağazadan satın alınan puf böreği, çözülmüş
- 2 su bardağı taze veya dondurulmuş bezelye
- 1/4 su bardağı ufalanmış beyaz peynir
- 2 yemek kaşığı doğranmış taze nane yaprağı
- 1 limon kabuğu rendesi ve
- Tatmak için biber ve tuz
- 1 yumurta, çırpılmış (yumurta yıkamak için)

TALİMATLAR:
a) Fırınınızı önceden 375°F'ye (190°C) ısıtın ve fırın tepsisini parşömen kağıdıyla kaplayın.
b) Bir kapta bezelyeyi, ufalanmış beyaz peyniri, doğranmış nane yapraklarını, limon kabuğu rendesini, tuzu ve karabiberi birleştirin.
c) Puf böreği tabakasını hafifçe unlanmış bir yüzeyde yaklaşık 12 inç çapında kaba bir daire şeklinde açın.
ç) Açılan puf böreğini hazırlanan fırın tepsisine aktarın.
d) Bezelye karışımını puf böreği üzerine eşit şekilde yayın ve kenarlarda yaklaşık 2 inçlik bir kenarlık bırakın.
e) galette şekli oluşturmak için puf böreğinin kenarlarını bezelye karışımının üzerine katlayın ve gerektiği kadar katlayın.
f) Piştiğinde altın rengini vermek için hamurun kenarlarını çırpılmış yumurta ile fırçalayın.
g) Önceden ısıtılmış fırında 25-30 dakika veya hamur işi altın rengi kahverengi olana ve bezelyeler yumuşayana kadar pişirin.
ğ) Fırından çıkarın ve servis yapmadan önce biraz soğumasını bekleyin.
h) Tazeleyici Nane Bezelye ve Beyaz Galette'nizi dilimleyin ve tadını çıkarın!

66. Limon Biberiye Patates Galette

İÇİNDEKİLER:

- 1 yaprak mağazadan satın alınan puf böreği, çözülmüş
- 2 su bardağı ince dilimlenmiş patates
- 1 limon kabuğu rendesi ve
- 2 yemek kaşığı doğranmış taze biberiye yaprağı
- 1/4 su bardağı rendelenmiş parmesan peyniri
- Tatmak için biber ve tuz
- 1 yumurta, çırpılmış (yumurta yıkamak için)

TALİMATLAR:

a) Fırınınızı önceden 375°F'ye (190°C) ısıtın ve fırın tepsisini parşömen kağıdıyla kaplayın.
b) Bir kasede ince dilimlenmiş patatesleri limon kabuğu rendesi, doğranmış biberiye yaprakları, rendelenmiş Parmesan peyniri, tuz ve karabiberle karıştırın.
c) Puf böreği tabakasını hafifçe unlanmış bir yüzeyde yaklaşık 12 inç çapında kaba bir daire şeklinde açın.
ç) Açılan puf böreğini hazırlanan fırın tepsisine aktarın.
d) Patates karışımını puf böreğinin üzerine eşit şekilde yayın ve kenarlarda yaklaşık 2 inçlik bir kenarlık bırakın.
e) galette şekli oluşturmak için puf böreğinin kenarlarını patates karışımının üzerine katlayın ve gerektiği kadar katlayın.
f) Piştiğinde altın rengini vermek için hamurun kenarlarını çırpılmış yumurta ile fırçalayın.
g) Önceden ısıtılmış fırında 25-30 dakika veya hamur işi altın rengi kahverengi olana ve patatesler yumuşayana kadar pişirin.
ğ) Fırından çıkarın ve servis yapmadan önce biraz soğumasını bekleyin.
h) Aromatik Limon Biberiye Patates Galette'nizi dilimleyin ve tadını çıkarın!

67.Karamelize Arpacık Soğanlı ve Kekikli Galette

İÇİNDEKİLER:

- 1 yaprak mağazadan satın alınan puf böreği, çözülmüş
- 4 arpacık, ince dilimlenmiş
- 2 yemek kaşığı tereyağı
- 1 yemek kaşığı zeytinyağı
- 2 yemek kaşığı taze kekik yaprağı
- Tatmak için biber ve tuz
- 1 yumurta, çırpılmış (yumurta yıkamak için)

TALİMATLAR:

a) Fırınınızı önceden 375°F'ye (190°C) ısıtın ve fırın tepsisini parşömen kağıdıyla kaplayın.
b) Bir tavada tereyağını ve zeytinyağını orta ateşte ısıtın. İnce dilimlenmiş arpacık soğanı ekleyin ve ara sıra karıştırarak karamelize olana kadar yaklaşık 15-20 dakika pişirin.
c) Puf böreği tabakasını hafifçe unlanmış bir yüzeyde yaklaşık 12 inç çapında kaba bir daire şeklinde açın.
ç) Açılan puf böreğini hazırlanan fırın tepsisine aktarın.
d) Karamelize edilmiş arpacık soğanlarını puf böreğinin üzerine eşit şekilde yayın ve kenarlarda yaklaşık 2 inçlik bir kenarlık bırakın.
e) Taze kekik yapraklarını arpacık soğanların üzerine serpin. Tatmak için tuz ve karabiber ekleyin.
f) galette şekli oluşturmak için puf böreğinin kenarlarını arpacık soğanlarının üzerine katlayın ve gerektiği kadar katlayın.
g) Piştiğinde altın rengini vermek için hamurun kenarlarını çırpılmış yumurta ile fırçalayın.
ğ) Önceden ısıtılmış fırında 25-30 dakika veya hamur işi altın rengi kahverengi olana kadar pişirin.
h) Fırından çıkarın ve servis yapmadan önce biraz soğumasını bekleyin.

68.Karamelize Soğanlı Brie and Sage Galette

İÇİNDEKİLER:
- 1 yaprak mağazadan satın alınan puf böreği, çözülmüş
- 1 büyük soğan, ince dilimlenmiş
- 2 yemek kaşığı tereyağı
- 1 yemek kaşığı zeytinyağı
- 6 ons Brie peyniri, dilimlenmiş
- 2 yemek kaşığı doğranmış taze adaçayı yaprağı
- Tatmak için biber ve tuz
- 1 yumurta, çırpılmış (yumurta yıkamak için)

TALİMATLAR:
a) Fırınınızı önceden 375°F'ye (190°C) ısıtın ve fırın tepsisini parşömen kağıdıyla kaplayın.
b) Bir tavada tereyağını ve zeytinyağını orta ateşte ısıtın. İnce dilimlenmiş soğanı ekleyin ve ara sıra karıştırarak karamelize olana kadar yaklaşık 15-20 dakika pişirin.
c) Puf böreği tabakasını hafifçe unlanmış bir yüzeyde yaklaşık 12 inç çapında kaba bir daire şeklinde açın.
ç) Açılan puf böreğini hazırlanan fırın tepsisine aktarın.
d) Dilimlenmiş Brie peynirini puf böreğinin üzerine, kenarlarda yaklaşık 2 inçlik bir kenarlık kalacak şekilde yerleştirin.
e) Karamelize soğanları Brie peynirinin üzerine eşit şekilde dağıtın.
f) Kıyılmış adaçayı yapraklarını soğanların üzerine serpin. Tatmak için tuz ve karabiber ekleyin.
g) galette şekli oluşturmak için puf böreğinin kenarlarını dolgunun üzerine katlayın, gerektiği kadar katlayın .
ğ) Piştiğinde altın rengini vermek için hamurun kenarlarını çırpılmış yumurta ile fırçalayın.
h) Önceden ısıtılmış fırında 25-30 dakika veya hamur işi altın rengi kahverengi olana kadar pişirin.
ı) Fırından çıkarın ve servis yapmadan önce biraz soğumasını bekleyin.
i) Karamelize Soğanlı lezzetli Brie ve Sage Galette'nizi dilimleyin ve tadını çıkarın !

BAHARATLI GALETLER

69. Chai Baharatlı Elma Galette

İÇİNDEKİLER:
- 2 su bardağı + 1 yemek kaşığı sade un
- 2 yemek kaşığı hindistan cevizi şekeri
- ½ çay kaşığı tuz
- ⅔ bardak + 2 yemek kaşığı tereyağı
- ½ su bardağı buzlu soğuk su
- ½ bardak badem yemeği

ELMA DOLGU
- 3 Gala elması
- ¼ su bardağı hindistan cevizi şekeri
- 1 çay kaşığı öğütülmüş tarçın
- 1 çay kaşığı öğütülmüş zencefil
- ½ çay kaşığı öğütülmüş hindistan cevizi
- ½ çay kaşığı öğütülmüş kakule
- 2 yemek kaşığı ararot nişastası
- 2 çay kaşığı portakal kabuğu rendesi
- 2 yemek kaşığı portakal suyu

TALİMATLAR:
HAMUR YAPIN
a) Bir mutfak robotuna un, şeker ve tuzu ekleyin ve birleştirmek için nabız atın.
b) Tereyağı ekleyin, küçük kırıntılar oluşana kadar çalıştırın, ardından mutfak robotu çalışırken suyu akıtın ve yalnızca büyük bir top oluşana kadar işleyin.
c) Hamuru kazıyın ve hızla küçük bir disk haline getirin.
ç) Plastik ambalaja sıkıca sarın ve buzdolabında 1+ saat bekletin.

DOLGUYU HAZIRLAYIN
d) Bu arada badem unu hariç tüm dolgu malzemelerini bir kasede birleştirip bir kenara koyun.

GALETİ OLUŞTURUN
e) 1 saat sonra hamuru buzdolabından çıkarın.
f) Hamuru 2 pişirme kağıdı arasına yerleştirin ve dikkatlice dikdörtgen şeklinde açın.
g) Üstteki pişirme kağıdını çıkarın ve hamuru (hala pişirme kağıdının alt parçasında) bir fırın tepsisine yerleştirin.

ğ) Badem ununu hamurun üzerine yayın, 5 cm'lik bir kenar bırakın (bu bir kabuk haline getirilecek) ve ardından elma karışımını üzerine döküm.
h) galettenin kenarlarını katlayın.
ı) İlk kenarı katladıktan sonra galeti döndürün , başka bir katlama yapın ve başladığınız yere dönene kadar devam edin.
i) Üst kabuğu ekstra eritilmiş tereyağı ve zeytinyağıyla fırçalayın veya üzerine toz badem veya ham şeker serpin.
j) Şimdi galetteyi (fırın tepsisi üzerinde) en az 30 dakika buzdolabına geri koyun ve ardından fırını önceden ısıtın.

PİŞMEK
k) Fırını önceden 200C'ye (390F) ısıtın, ardından galetteyi fırına ekleyin ve 10 dakika pişirin.
l) Isıyı 175 C'ye (350F) düşürün, ardından 30-35 dakika daha pişirin.
m) Hemen dondurmayla servis yapın veya soğumaya bırakın ve dilimler halinde kesin.

70.Beş Baharatlı Şeftali Galette

İÇİNDEKİLER:

- 180g (6,3 ons) sade (çok amaçlı) un, ayrıca toz alma için ekstra
- 160g (5,6 ons) tuzsuz tereyağı, soğutulmuş
- 2 çay kaşığı çiğ toz şeker
- ½ çay kaşığı deniz tuzu
- 1 çay kaşığı öğütülmüş zencefil
- 1 yemek kaşığı elma sirkesi
- 2 yemek kaşığı su, soğutulmuş

BEŞ BAHARAT ŞEFTALİ DOLGUSU
- 4 şeftali, çekirdekleri çıkarılmış, ince dilimlenmiş
- 2 yemek kaşığı beyaz şeker
- ½ limon, suyu sıkılmış
- 1 çay kaşığı Çin beş baharatı
- 2 yemek kaşığı kayısı reçeli
- 1 çay kaşığı mısır unu (mısır nişastası)

TALİMATLAR:

a) Pasta kabuğunu hazırlamak için un, tereyağı, şeker ve tuzu mutfak robotuna koyun. Ekmek kırıntısı benzeri bir dokuya benzeyene kadar patlatın. Daha sonra öğütülmüş zencefili, elma sirkesini ve suyu ekleyin ve hamur oluşuncaya kadar karıştırmaya devam edin

b) Hamuru hafifçe unlanmış bir yüzeye aktarın ve pürüzsüz hale gelinceye kadar 2 dakika yoğurun. Elinizi kullanarak 10 cm'lik bir diske bastırın, ardından streç filmle sarın ve 1 saat buzdolabında bekletin.

c) Hamurunuz neredeyse hazır olduğunda fırını 200°C'ye (390°F) önceden ısıtın. Şeftali dilimlerini, şekeri ve limon suyunu geniş bir karıştırma kabında karıştırın. Beş baharatı ve kayısı reçelini ekleyin ve birleşene kadar karıştırın. Bir kenara bırakın.

ç) Hamuru buzdolabından çıkarın. Büyük bir fırın kağıdına az miktarda un serpin, ardından hamuru üstüne yerleştirin.

d) Düz bir tepsiye aktarın. Hamuru yaklaşık 40 cm (15,5") çapında ve yaklaşık 1 cm (⅜") kalınlığında kaba bir yuvarlak halinde açın.

e) Hamur işinin üzerine mısır ununu serpin; bu, fazla suyun çekilmesine yardımcı olur, böylece altının ıslak bir galette olmasını önlersiniz .
f) Ortadan başlayarak, şeftali dilimlerini fırıldak şeklinde düzenleyin ve havalandırın, kenarlarda yaklaşık 7 cm (2¾") kenarlık bırakın.
g) Galetteyi oluşturmak için hamurun kenarlarını katlayın ve ortada yaklaşık 15 cm (6 inç) meyve karışımı açığa çıkarın.
ğ) Tepsiyi fırına aktarın. 40 dakika veya hamur işi altın rengi ve gevrek oluncaya kadar pişirin. Dondurmayla servis yapın.

71.Domates ve Jalapeno Galette

İÇİNDEKİLER:
HAMUR:
- 1 su bardağı un
- ¼ çay kaşığı tuz
- ½ bardak soğutulmuş tereyağı, küp şeklinde
- 4 ons krem peynir, küp şeklinde
- 2-3 yemek kaşığı buzlu su

DOLGU:
- 4 ons krem peynir, yumuşatılmış.
- 2 diş sarımsak, ince kıyılmış
- 1 yemek kaşığı kişniş, doğranmış
- 1 kavrulmuş jalapeno biber, kabarmış, sonra ince doğranmış
- bir tutam tuz
- ½ bardak rendelenmiş çedar ve Monterey jack karışımı
- dilimlenmiş domates

TALİMATLAR:
HAMUR:
a) Unu ve tuzu birlikte eleyin, ardından bir hamur karıştırıcısı kullanarak krem peynir ve tereyağını kesin.
b) Hepsinin birbirine yapışmasını sağlayacak kadar su ekleyin.
c) Düzleştirin ve plastik ambalajla sarılı olarak birkaç saat buzdolabına koyun.
ç) Bu arada dolguyu hazırlayın:

DOLGU:
d) Kullanmaya hazır olduğunuzda kaba bir daire şeklinde açın, pizza kağıdına yerleştirin ve fırını 350 dereceye kadar önceden ısıtın.
e) Krem peynir, sarımsak, kişniş, doğranmış jalapeno ve tuzu karıştırın. Kabuğun tabanına, kenardan birkaç inç mesafeye kadar yayın.
f) peynir serpin ve üstüne domatesleri katlayın.
g) Biraz daha peynir serpin. Hamurun kenarlarını katlayın.
ğ) Altın ve kabarcıklı olana kadar 30-35 dakika pişirin. takozlar halinde kesin ve servis yapın.

72. Kış Meyveli ve Zencefilli Kurabiye Galette

İÇİNDEKİLER:

PASTA HAMUR:
- 2 ¼ su bardağı un
- 2 çay kaşığı şeker
- ¾ çay kaşığı tuz
- ½ su bardağı ince mısır unu
- ½ çay kaşığı karışık baharat
- 1 çay kaşığı öğütülmüş zencefil
- ½ çay kaşığı öğütülmüş tarçın
- 14 yemek kaşığı tereyağı, soğuk
- 3,4 sıvı ons su, soğuk
- 6 yemek kaşığı ekşi krema

KARAMELİZE KIŞ MEYVESİ:
- ⅓ su bardağı şeker
- 3,4 sıvı ons su
- 1 vanilya çekirdeği (bakla), uzunlamasına kesilmiş, tohumları kazınmış
- 2 tarçın çubuğu
- 2 karanfil
- 4 adet kakule kabuğu
- 1 büyük diş sarımsak
- 4 yıldızlı anason
- ⅔ bardak kamkat
- 1 hurma
- 3 Bramley elması
- ⅔ su bardağı kuru kayısı
- ⅔ bardak kuru erik
- ⅓ bardak kurutulmuş kızılcık

ZENCEFİLLİ ÇÖREK:
- ½ bardak tereyağı
- ½ su bardağı yumuşak koyu esmer şeker
- 1 portakalın kabuğu rendesi
- 2 büyük yumurta
- ¼ su bardağı un
- 1 çay kaşığı öğütülmüş zencefil
- ¼ çay kaşığı öğütülmüş karışık baharat

- ¼ çay kaşığı öğütülmüş tarçın
- 1 su bardağı öğütülmüş badem

GARNİTÜR:
- 3 büyük yumurta akı
- ½ su bardağı pudra şekeri

TALİMATLAR:
PASTA HAMUR:
a) Unu, şekeri, tuzu, mısır unu, karışık baharatı, öğütülmüş zencefili ve tarçını bir kasede birlikte eleyin. Tereyağını küçük küpler halinde kesin ve ince ekmek kırıntısı görünümü alana kadar un karışımına sürün.
b) Soğuk su ve ekşi kremayı ekleyip sert bir hamur elde edene kadar bir araya getirin. Streç filme sarın ve sertleşinceye kadar yaklaşık 30 dakika soğutun.

KARAMELİZE KIŞ MEYVESİ:
c) Ağır tabanlı bir tencerede şurup için tüm malzemeleri karıştırın. Kaynatın, ardından ısıyı azaltın ve kaynamaya bırakın. Bu arada kumkuatları ikiye bölün, hurmayı dilimler halinde kesin, elmaları soyun ve Paris usulü bir kepçe kullanarak elmaları küçük toplar halinde kesin.
ç) Ayrı bir tencerede kaynar su ile kumkuatları kabukları hafifçe yumuşayana kadar yaklaşık 3 dakika haşlayın, süzün ve saklayın.
d) Kaynayan şuruba kuru kayısıları ekleyin, beş dakika pişirin, ardından kuru erik ve kumkatları ekleyin, iki dakika daha pişirin, ardından elma toplarını ve kurutulmuş kızılcıkları ekleyin. Meyveler yumuşayana kadar yaklaşık üç ila beş dakika pişirmeye devam edin.
e) Tavayı ocaktan alın ve soğumaya bırakın . Meyveleri boşaltın ve rezerve edin. Bütün baharatları atın. Şurubu tekrar ateşe verin ve şurup kıvamına gelinceye kadar azaltın .

ZENCEFİLLİ ÇÖREK:
f) Tereyağı, esmer şeker ve portakal kabuğu rendesini birlikte krema haline getirin. Her ekleme arasında iyice karıştırarak yumurtaları yavaş yavaş ekleyin.

g) Unu eleyin, zencefili, karışık baharatları, tarçını ve öğütülmüş bademleri ekleyin ve tereyağı karışımına katlayın. Gerekene kadar buzdolabında saklayın.

GALET MONTAJI:

ğ) Fırını önceden 190°C'ye ısıtın. Soğuyan hamurları unlanmış tezgah üzerinde 3 cm kalınlığa gelinceye kadar açın.

h) 30 cm'lik daire şeklinde kesin. Kızartma tavasını pişirme parşömeniyle kaplayın, üstüne 25 cm'lik metal bir halka yerleştirin ve hamurları halkanın ortasına yerleştirin. Hamurun iç kenarlarına yumurta beyazını sürün.

ı) Zencefilli kurabiye karışımını hamur işinin içine aktarın ve üzerine haşlanmış meyveleri ekleyin, küçük bir kısmını dekorasyon için ayırın. Hamurun kenarlarını orta kısmı açıkta kalacak şekilde sıkıştırın.

i) Üzerine yumurta akı sürün, üzerine pudra şekeri serpin ve altın rengi kahverengi olana kadar yaklaşık 25 dakika pişirin. Tart tamamen pişmeden yaklaşık 5 dakika önce fırçayla kalan şurubu sürün ve ayrılmış meyveleri tartın üzerine yerleştirin.

HİZMET ETMEK:

j) Fırından çıkarın ve hafifçe soğuması için 5 dakika bekletin, metal halkanın kenarını bir bıçakla gezdirerek gevşetin ve ardından çıkarın.

73.Kakule Baharatlı Kayısı Badem Galette

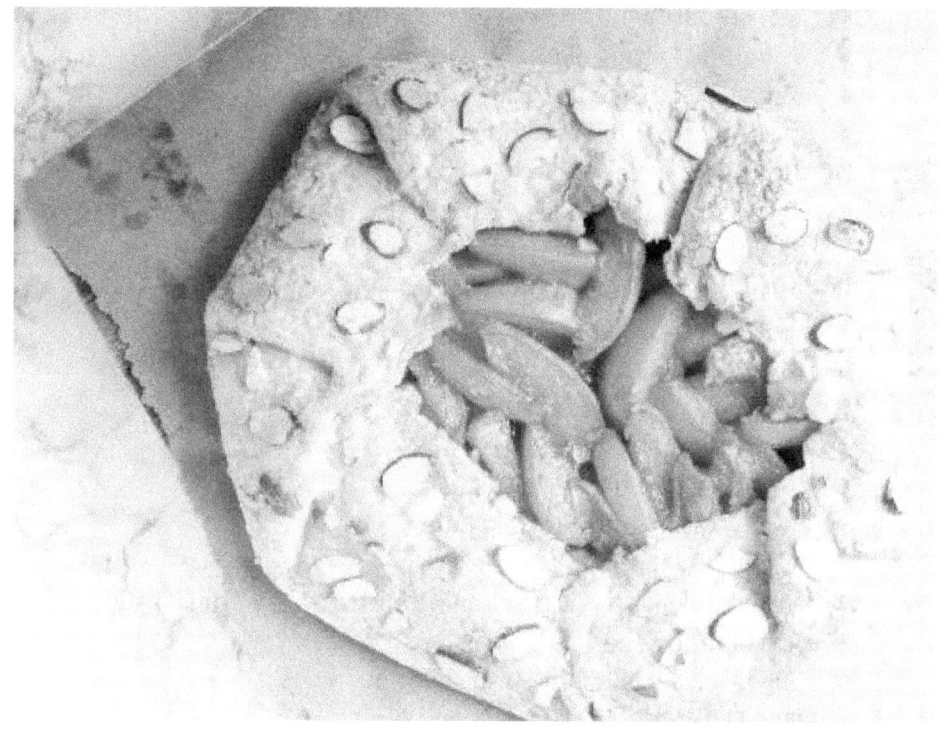

İÇİNDEKİLER:
KABUĞU İÇİN:
- 1 ¼ su bardağı un
- ½ yemek kaşığı şeker
- ½ çay kaşığı ince tuz
- 1 çubuk tuzsuz tereyağı, çok soğuk

DOLGU İÇİN:
- 7 adet kayısı, ikiye bölünmüş, çekirdeği çıkarılmış ve ince dilimlenmiş (soyulmasına gerek yok)
- ½ su bardağı koyu kahverengi şeker
- ⅛ çay kaşığı koşer tuzu
- ¼ çay kaşığı vanilya özü
- ¼ çay kaşığı badem özü
- 2 çay kaşığı limon suyu
- 4 yemek kaşığı mısır nişastası
- ¼ çay kaşığı öğütülmüş kakule

KABUK BİTİRME İÇİN:
- yumurta yıkama (1 çırpılmış yumurta ve 1 yemek kaşığı su)
- Turbinado şekeri
- 3 yemek kaşığı dilimlenmiş badem

TALİMATLAR:
KABUĞU İÇİN:

a) Bir bardağı ½ bardak suyla doldurun ve içine birkaç buz küpü atın; bir kenara koyun. Büyük bir kapta un, şeker ve tuzu birlikte çırpın. Çok soğuk tuzsuz tereyağını ½ inçlik parçalar halinde doğrayın.

b) Tereyağı küplerini unun üzerine serpin ve bir hamur karıştırıcısı veya çatalla karıştırmaya başlayın ve karışımı gerektiği gibi yeniden dağıtın, böylece tüm tereyağı parçaları küçük bezelye büyüklüğüne gelene kadar tüm parçalar eşit şekilde işlenir.

c) Tereyağı ve un karışımının üzerine ¼ bardak buz gibi soğuk suyu (ancak küpleri değil) gezdirerek başlayın. Kauçuk bir spatula kullanarak hamuru bir araya toplayın. Bir araya getirmek için muhtemelen ilave ¼ bardak soğuk suya ihtiyacınız olacak, ancak her seferinde bir çorba kaşığı ekleyin.

ç) Spatulayla büyük parçalar kopardıktan sonra ellerinizi kullanarak hamuru bir araya getirmeye başlayın. Kümeleri tek bir tümsek halinde toplayın ve yavaşça yoğurun. Bir disk haline getirin ve plastik sargıya sarın. En az bir saat buzdolabında saklayın.

DOLGU İÇİN:

d) Hamur soğurken dolguyu hazırlayın. Tüm dolgu malzemelerini orta boy bir kaseye ekleyin ve her şey bir araya gelinceye ve meyveler baharatlarla eşit şekilde kaplanana kadar yavaşça karıştırın. Tatları gerektiği gibi tadın ve ayarlayın. Bir kenara koyun ve hamur soğuyuncaya kadar mayalanmaya bırakın.

e) Fırını ortada bir raf olacak şekilde 400 dereceye kadar önceden ısıtın. Bir fırın tepsisini parşömen kağıdı veya silikon pişirme matı ile hizalayın ve bir kenara koyun.

f) Hamur iyice soğuduktan sonra buzdolabından çıkarın. Hafifçe unlanmış bir yüzeyde, hamuru yaklaşık 14 inç çapında, yaklaşık ⅛ inç kalınlığında bir daire şeklinde yuvarlayın. Hamuru yavaşça dörde bölün ve fazla ununu fırçalayın. Hamuru hazırlanan fırın tepsisinin ortasına aktarın ve açın. Fırın tepsisinin kenarlarından sarkması sorun değil.

g) Kayısı karışımını hamurun ortasına, kenarlarda 2-3 inçlik hamur kalacak şekilde düzenleyin. Kasede meyve suyu birikmişse meyvenin ortasına dökün.

ğ) galetin ortasına doğru dolgunun üzerine katlayın. Hamurun doğal hissettiği yere katlanmasını sağlayarak ve gerektiğinde birkaç kıvrım oluşturarak galetin etrafında çalışmaya devam edin. Fazla hamurun tamamını kullanana ve ortasında meyveyi çevreleyen bir kabuk kenarı oluşturana kadar devam edin.

h) Hamurun kenarlarını ve kenarlarını yumurta akı ile fırçalayın ve üzerine türbanlı şeker ve dilimlenmiş bademleri cömertçe serpin. Fırın tepsisini buzdolabına yerleştirin ve galetteyi en az 30 dakika veya bir saate kadar soğutun.

ı) Galetteyi 35-45 dakika veya kabuk altın kahverengi olana ve meyveler kabarcıklı hale gelinceye kadar pişirin. Fırın tepsisinde 5 dakika soğumaya bırakın ve ardından parşömen kağıdını yavaşça kullanarak galetteyi kaldırın ve bir soğutma rafına aktarın. Servis için kalın dilimler halinde dilimleyin. Bir top vanilyalı dondurmayla servis etmenizi şiddetle tavsiye ederim.

74.Chipotle Tatlı Patates ve Siyah Fasulye Galette

İÇİNDEKİLER:
- 1 yaprak mağazadan satın alınan puf böreği, çözülmüş
- 2 su bardağı pişmiş ve püre haline getirilmiş tatlı patates
- 1 su bardağı pişmiş siyah fasulye
- Adobo soslu 1 chipotle biber, kıyılmış
- 1 çay kaşığı öğütülmüş kimyon
- 1/2 çay kaşığı biber tozu
- Tatmak için biber ve tuz
- 1 yumurta, çırpılmış (yumurta yıkamak için)
- Garnitür için taze kişniş yaprakları (isteğe bağlı)

TALİMATLAR:
a) Fırınınızı önceden 375°F'ye (190°C) ısıtın ve fırın tepsisini parşömen kağıdıyla kaplayın.
b) Bir kasede tatlı patates püresini, siyah fasulyeyi, kıyılmış chipotle biberini, öğütülmüş kimyonu, kırmızı toz biberi, tuzu ve karabiberi karıştırın.
c) Puf böreği tabakasını hafifçe unlanmış bir yüzeyde yaklaşık 12 inç çapında kaba bir daire şeklinde açın.
ç) Açılan puf böreğini hazırlanan fırın tepsisine aktarın.
d) Tatlı patates ve siyah fasulye karışımını puf böreğinin üzerine eşit şekilde yayın ve kenarlarda yaklaşık 2 inçlik bir kenarlık bırakın.
e) galette şekli oluşturmak için puf böreğinin kenarlarını dolgunun üzerine katlayın, gerektiği kadar katlayın .
f) Hamurun kenarlarını çırpılmış yumurta ile yağlayın.
g) Önceden ısıtılmış fırında 25-30 dakika veya hamur işi altın rengi kahverengi olana kadar pişirin.
ğ) Fırından çıkarın ve servis yapmadan önce biraz soğumasını bekleyin.
h) İstenirse taze kişniş yapraklarıyla süsleyin.
ı) Galette'nizi dilimleyin ve tadını çıkarın !

ÇİKOLATA GALETLER

75.Nutellalı Çikolatalı Galette

İÇİNDEKİLER:
- 1 önceden hazırlanmış pasta kabuğu
- 1/2 bardak Nutella
- 1/4 su bardağı kıyılmış fındık
- 1 yumurta, çırpılmış (yumurta yıkamak için)
- Pudra şekeri (tozlamak için)

TALİMATLAR:
a) Fırınınızı önceden 375°F (190°C) ısıtın.
b) Parşömen kağıdıyla kaplı bir fırın tepsisine pasta kabuğunu açın .
c) pasta kabuğunun ortasına eşit şekilde yayın .
ç) Nutella'nın üzerine kıyılmış fındıkları serpin.
d) Kabuğun kenarlarını Nutella dolgusunun üzerine katlayarak rustik bir kenar oluşturun.
e) Kabuğun kenarlarını çırpılmış yumurta ile fırçalayın.
f) 20-25 dakika veya kabuk altın rengi kahverengi olana kadar pişirin.
g) Üzerine pudra şekeri serpmeden önce galettenin biraz soğumasını bekleyin . Sıcak servis yapın.

76.Çikolatalı ve Ahududulu Galette

İÇİNDEKİLER:
- 1 adet önceden hazırlanmış çikolatalı pasta kabuğu
- 1 su bardağı yarı tatlı çikolata parçacıkları
- 1 su bardağı taze ahududu
- 1 yemek kaşığı toz şeker
- 1 yumurta, çırpılmış (yumurta yıkamak için)
- Pudra şekeri (tozlamak için)

TALİMATLAR:
a) Fırınınızı önceden 375°F (190°C) ısıtın.
b) Parşömen kağıdıyla kaplı bir fırın tepsisine pasta kabuğunu açın.
c) Çikolata parçacıklarını mikrodalgaya dayanıklı bir kapta pürüzsüz hale gelinceye kadar karıştırarak eritin.
ç) pasta kabuğunun ortasına eşit şekilde dağıtın.
d) Taze ahududuları çikolatanın üzerine dizin.
e) Ahududuların üzerine toz şekeri serpin.
f) Kabuğun kenarlarını dolgunun üzerine katlayarak rustik bir kenarlık oluşturun.
g) Kabuğun kenarlarını çırpılmış yumurta ile fırçalayın.
ğ) 25-30 dakika veya kabuk altın rengi kahverengi olana kadar pişirin.
h) Üzerine pudra şekeri serpmeden önce galettenin biraz soğumasını bekleyin. Sıcak servis yapın.

77.Tuzlu Karamelli Çikolatalı Galette

İÇİNDEKİLER:
- 1 önceden hazırlanmış pasta kabuğu
- 1 su bardağı yarı tatlı çikolata parçacıkları
- 1/2 bardak tuzlu karamel sosu
- Deniz tuzu gevreği (serpmek için)
- 1 yumurta, çırpılmış (yumurta yıkamak için)
- Pudra şekeri (tozlamak için)

TALİMATLAR:
a) Fırınınızı önceden 375°F (190°C) ısıtın.
b) Parşömen kağıdıyla kaplı bir fırın tepsisine pasta kabuğunu açın.
c) Çikolata parçacıklarını mikrodalgaya dayanıklı bir kapta pürüzsüz hale gelinceye kadar karıştırarak eritin.
ç) pasta kabuğunun ortasına eşit şekilde dağıtın.
d) Tuzlu karamel sosunu çikolatanın üzerine gezdirin.
e) Karamelin üzerine deniz tuzu pullarını serpin.
f) Kabuğun kenarlarını dolgunun üzerine katlayarak rustik bir kenarlık oluşturun.
g) Kabuğun kenarlarını çırpılmış yumurta ile fırçalayın.
ğ) 25-30 dakika veya kabuk altın rengi kahverengi olana kadar pişirin.
h) Üzerine pudra şekeri serpmeden önce galettenin biraz soğumasını bekleyin. Sıcak servis yapın.

78.Çikolatalı ve Muzlu Galette

İÇİNDEKİLER:
- 1 önceden hazırlanmış pasta kabuğu
- 1 su bardağı yarı tatlı çikolata parçacıkları
- 2 adet olgun muz, dilimlenmiş
- 2 yemek kaşığı esmer şeker
- 1 yumurta, çırpılmış (yumurta yıkamak için)
- Pudra şekeri (tozlamak için)

TALİMATLAR:
a) Fırınınızı önceden 375°F (190°C) ısıtın.
b) Parşömen kağıdıyla kaplı bir fırın tepsisine pasta kabuğunu açın.
c) Çikolata parçacıklarını mikrodalgaya dayanıklı bir kapta pürüzsüz hale gelinceye kadar karıştırarak eritin.
ç) pasta kabuğunun ortasına eşit şekilde dağıtın.
d) Dilimlenmiş muzları çikolatanın üzerine dizin.
e) Muzların üzerine esmer şekeri serpin.
f) Kabuğun kenarlarını dolgunun üzerine katlayarak rustik bir kenarlık oluşturun.
g) Kabuğun kenarlarını çırpılmış yumurta ile fırçalayın.
ğ) 25-30 dakika veya kabuk altın rengi kahverengi olana kadar pişirin.
h) Üzerine pudra şekeri serpmeden önce galettenin biraz soğumasını bekleyin. Sıcak servis yapın.

79.Beyaz Çikolatalı Ahududu Galette

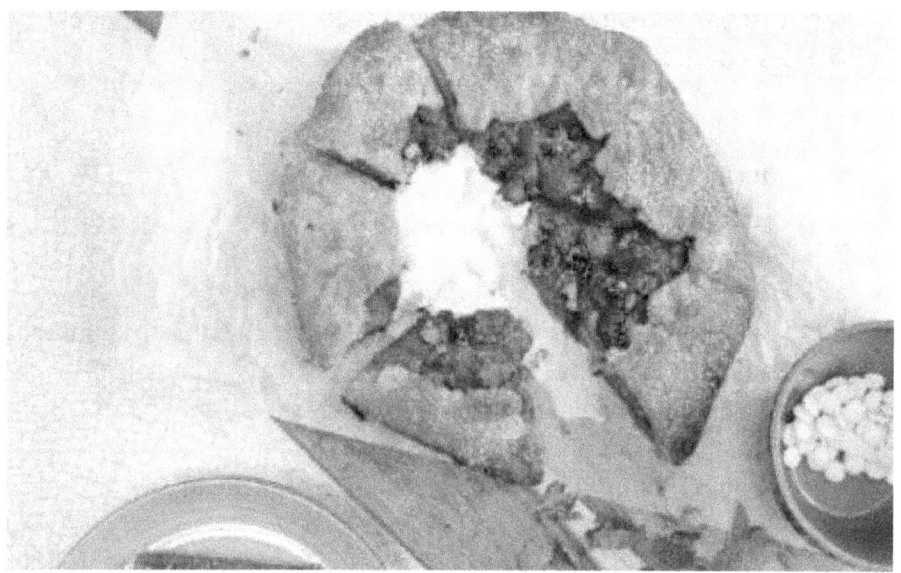

İÇİNDEKİLER:
- 1 önceden hazırlanmış pasta kabuğu
- 1 su bardağı beyaz çikolata parçacıkları
- 1 su bardağı taze ahududu
- 1 yemek kaşığı toz şeker
- 1 yumurta, çırpılmış (yumurta yıkamak için)
- Pudra şekeri (tozlamak için)

TALİMATLAR:
a) Fırınınızı önceden 375°F (190°C) ısıtın.
b) Parşömen kağıdıyla kaplı bir fırın tepsisine pasta kabuğunu açın.
c) Beyaz çikolata parçacıklarını mikrodalgaya dayanıklı bir kapta pürüzsüz hale gelinceye kadar karıştırarak eritin.
ç) pasta kabuğunun ortasına eşit şekilde dağıtın.
d) Taze ahududuları beyaz çikolatanın üzerine dizin.
e) Ahududuların üzerine toz şekeri serpin.
f) Kabuğun kenarlarını dolgunun üzerine katlayarak rustik bir kenarlık oluşturun.
g) Kabuğun kenarlarını çırpılmış yumurta ile fırçalayın.
ğ) 25-30 dakika veya kabuk altın rengi kahverengi olana kadar pişirin.
h) Üzerine pudra şekeri serpmeden önce galettenin biraz soğumasını bekleyin. Sıcak servis yapın.

80.Çikolatalı Kiraz Galette

İÇİNDEKİLER:
- 1 önceden hazırlanmış pasta kabuğu
- 1 su bardağı yarı tatlı çikolata parçacıkları
- 1 bardak taze kiraz, çekirdeği çıkarılmış ve yarıya bölünmüş
- 1 yemek kaşığı toz şeker
- 1 yumurta, çırpılmış (yumurta yıkamak için)
- Pudra şekeri (tozlamak için)

TALİMATLAR:
a) Fırınınızı önceden 375°F (190°C) ısıtın.
b) Parşömen kağıdıyla kaplı bir fırın tepsisine pasta kabuğunu açın.
c) Çikolata parçacıklarını mikrodalgaya dayanıklı bir kapta pürüzsüz hale gelinceye kadar karıştırarak eritin.
ç) pasta kabuğunun ortasına eşit şekilde dağıtın.
d) Taze kiraz yarımlarını çikolatanın üzerine yerleştirin.
e) Kirazların üzerine toz şekeri serpin.
f) Kabuğun kenarlarını dolgunun üzerine katlayarak rustik bir kenarlık oluşturun.
g) Kabuğun kenarlarını çırpılmış yumurta ile fırçalayın.
ğ) 25-30 dakika veya kabuk altın rengi kahverengi olana kadar pişirin.
h) Üzerine pudra şekeri serpmeden önce galettenin biraz soğumasını bekleyin. Sıcak servis yapın.

81.Fıstık Ezmesi Kupası S'mores Galette

İÇİNDEKİLER:

- 1 ½ su bardağı çok amaçlı un
- ½ bardak graham kraker kırıntısı
- ⅔ bardak tuzlu tereyağı, soğuk, küp şeklinde kesilmiş
- ¼ bardak şeker
- 5-6 yemek kaşığı soğuk su
- 1 yumurta, çırpılmış, yumurta yıkamak için
- 15 adet büyük marshmallow
- 1 su bardağı mini çikolata kaplı graham, ikiye bölünmüş
- 1 su bardağı doğranmış sütlü çikolata tercihinize göre
- 1 ½ su bardağı ezilmiş fıstık ezmesi bardağı
- ½ bardak fıstık ezmesi cipsi, üzerine serpmek için eritilmiş (isteğe bağlı)
- Çiseleme için ½ bardak hatmi tüyü (isteğe bağlı)

TALİMATLAR:
KABUK YAPMAK İÇİN:

a) Unu, graham kraker kırıntılarını ve şekeri ayakta duran bir mikser kabına koyun ve kürek aparatını ekleyin. Birleştirmek için hızlı bir karışım verin. Tereyağını yavaş yavaş küp küp ekleyin ve ıslak kum benzeri bir kıvam elde edinceye kadar düşük devirde karıştırın.

b) Alternatif olarak bir pasta kesici kullanabilir ve tereyağını karışıma kesebilirsiniz. Soğuk suyu birer yemek kaşığı ilave edin. Hamur sertleştiğinde ve yapışkan olmadığında hazırdır.

HEPSİNİ BİR ARAYA GETİRMEK:

c) Hamuru soğutmaya gerek yoktur.

ç) serpilmiş düz bir yüzeyde hamuru açın. Etrafı yaklaşık 12 inç genişliğinde bir daire şeklinde açın. Marshmallow, sütlü çikolata, çikolatalı graham ve fıstık ezmesi kaplarını ekleyin.

d) galetin ortasını açık bırakarak dolgunun üzerine yaklaşık bir inç kadar katlayın.

e) Bir sonraki parçayı önceki parçanın üzerine katlamaya devam edin ve tüm kabuk içe doğru katlanana kadar bu şekilde devam edin. Kabuğu yumurta yıkamasıyla fırçalayın.

PİŞMEK:

f) 350°'de 25-30 dakika veya ortası kabarcıklanıp kenarları güzel bir altın rengi kahverengi olana kadar pişirin . Fıstık ezmesi parçacıklarını mikrodalgaya dayanıklı bir kapta yüksek sıcaklıkta 60-70 saniye veya eriyene kadar eritin. Kase sıcak olabileceğinden dikkatli olun .

g) Cipsleri pürüzsüz olana kadar çırpın. Sıcak galette üzerine gezdirin . Servis yapmadan önce hafifçe soğumaya bırakın. Sıcak, oda sıcaklığında veya soğuk olarak servis yapın.

ğ) Dört güne kadar oda sıcaklığında kapalı olarak saklayın. Eğlence!

82.Bitter Çikolata ve Portakallı Galette

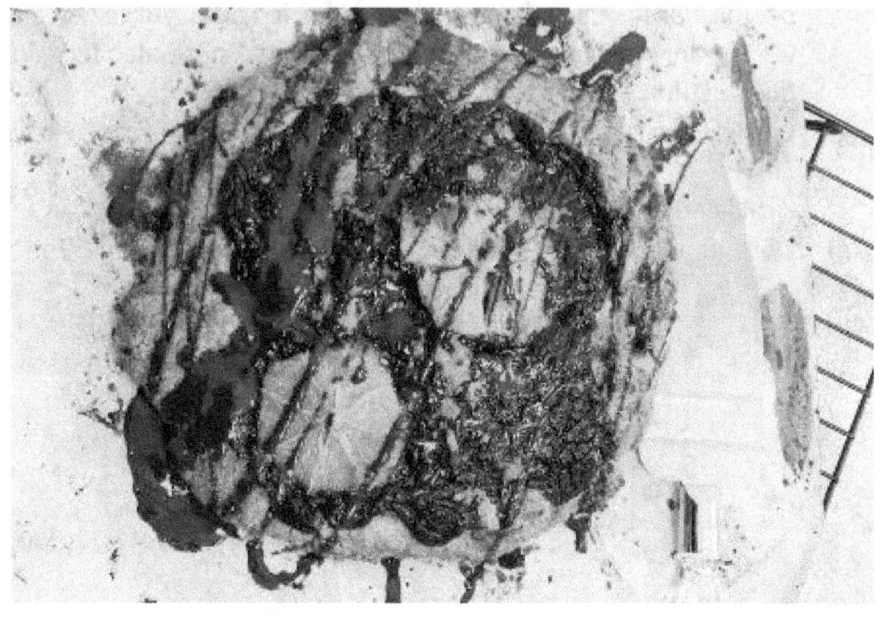

İÇİNDEKİLER:

- 1 önceden hazırlanmış pasta kabuğu
- 1 su bardağı bitter çikolata parçacıkları
- 1 portakalın kabuğu rendesi
- 2 yemek kaşığı toz şeker
- 1 yumurta, çırpılmış (yumurta yıkamak için)
- Pudra şekeri (tozlamak için)

TALİMATLAR:

a) Fırınınızı önceden 375°F (190°C) ısıtın.
b) Parşömen kağıdıyla kaplı bir fırın tepsisine pasta kabuğunu açın.
c) pasta kabuğunun ortasına eşit şekilde serpin.
ç) Çikolata parçacıklarının üzerine portakal kabuğu rendesini serpin.
d) Çikolata ve portakal kabuğu rendesinin üzerine toz şekeri serpin.
e) Kabuğun kenarlarını dolgunun üzerine katlayarak rustik bir kenarlık oluşturun.
f) Kabuğun kenarlarını çırpılmış yumurta ile fırçalayın.
g) 25-30 dakika veya kabuk altın rengi kahverengi olana kadar pişirin.
ğ) Üzerine pudra şekeri serpmeden önce galettenin biraz soğumasını bekleyin. Sıcak servis yapın.

83.Hindistan Cevizli Çikolata Galette

İÇİNDEKİLER:

- 1 önceden hazırlanmış pasta kabuğu
- 1 su bardağı kıyılmış hindistan cevizi
- 1 su bardağı yarı tatlı çikolata parçacıkları
- 2 yemek kaşığı toz şeker
- 1 yumurta, çırpılmış (yumurta yıkamak için)
- Pudra şekeri (tozlamak için)

TALİMATLAR:

a) Fırınınızı önceden 375°F (190°C) ısıtın.
b) Parşömen kağıdıyla kaplı bir fırın tepsisine pasta kabuğunu açın .
c) pasta kabuğunun ortasına eşit şekilde serpin .
ç) Hindistan cevizinin üzerine yarı tatlı çikolata parçacıklarını serpin.
d) Çikolata ve Hindistan cevizinin üzerine toz şekeri serpin.
e) Kabuğun kenarlarını dolgunun üzerine katlayarak rustik bir kenarlık oluşturun.
f) Kabuğun kenarlarını çırpılmış yumurta ile fırçalayın.
g) 25-30 dakika veya kabuk altın rengi kahverengi olana kadar pişirin.
ğ) Üzerine pudra şekeri serpmeden önce galettenin biraz soğumasını bekleyin . Sıcak servis yapın.

ETLİ GALETLER

84. Sosis Galette

İÇİNDEKİLER:

- 2 daire hazırlanmış pasta hamuru hamuru (14,1 onsluk bir paketten)
- 8 ons öğütülmüş adaçayı kahvaltı sosisi
- 1 yemek kaşığı zeytinyağı (gerekirse)
- 1/2 orta boy soğan, ince şeritler halinde dilimlenmiş
- 8 ons dilimlenmiş bebek bella mantarı
- 2/3 bardak ricotta
- 4 diş sarımsak, kıyılmış
- Tadına göre taze çekilmiş tuz ve karabiber
- 4 ons Gruyere peyniri, kıyılmış
- 1/2 çay kaşığı kurutulmuş kekik
- 1 yumurta çırpılmış
- 1 yemek kaşığı su

TALİMATLAR:

a) Fırını önceden 400 derece F'ye ısıtın. İki fırın tepsisini parşömen kağıdıyla hizalayın. Parşömen kağıdının üstündeki her bir fırın tepsisine bir turta kabuğunu yuvarlayın.

b) Sosisleri orta ateşte tavada kızarana ve ufalanana kadar yaklaşık 8 dakika pişirin. Sosisleri oluklu bir kaşıkla tavadan kağıt havluyla kaplı bir tabağa çıkarın ve sosisin yağını tavada saklayarak bir kenara koyun. Eğer yağınız fazla değilse tavaya 1 yemek kaşığı kadar zeytinyağı ekleyin.

c) Sosisten elde edilen yağda pişirmek için soğanı tavaya ekleyin. Soğanın kenarları kahverengileşip karamelleşmeye başlayana kadar yaklaşık 3 dakika pişirin. Mantarları tavaya ekleyin ve 4 dakika veya yumuşamaya başlayana kadar pişirin. Sebzeleri tavadan çıkarın ve sosisle birlikte kağıt havluyla kaplı tabağa ekleyin.

ç) pasta kabuğunun ortasına yayın , eşit şekilde yayın ancak 1 1/2 inçlik bir çevreyi çıplak bırakın. Kıyılmış sarımsağı ricotta'nın üzerine iki kabuk arasında bölün, ardından tadına biraz taze kırılmış tuz ve karabiber ekleyin.

d) Sosis-mantar karışımının yarısını her kabuğun üzerindeki ricotta'nın üzerine eşit bir tabaka halinde ekleyin. Üstüne rendelenmiş Gruyere serpin. Her şeyin üzerine kekik serpin.
e) Turta kabuklarının kenarlarını tüm dairenin etrafındaki mantar dolgusunun üzerine katlayın, dairesel şekli korumak için her birkaç inçte bir katlayın. Yumurtayı ve suyu küçük bir kasede birlikte çırpın. Pasta kabuklarının kenarlarını yumurta karışımıyla fırçalayın.
f) Önceden ısıtılmış fırında 18-22 dakika veya kabuk altın rengi oluncaya kadar pişirin. Servis tabağına aktarmadan önce fırın tepsisinde 10 dakika soğutun.

85.Tavuk ve Mantarlı Galette

İÇİNDEKİLER:

- 1 önceden hazırlanmış pasta kabuğu
- 2 su bardağı pişmiş tavuk, kıyılmış veya doğranmış
- 1 su bardağı dilimlenmiş mantar
- 1 su bardağı rendelenmiş İsviçre peyniri
- 1/4 bardak doğranmış taze maydanoz
- Tatmak için biber ve tuz
- 1 yumurta, çırpılmış (yumurta yıkamak için)

TALİMATLAR:

a) Fırınınızı önceden 375°F (190°C) ısıtın.
b) Bir tavada dilimlenmiş mantarları yumuşayana ve fazla sıvı buharlaşana kadar soteleyin.
c) Parşömen kağıdıyla kaplı bir fırın tepsisine pasta kabuğunu açın.
ç) pasta kabuğunun ortasına eşit şekilde yayın ve kenarlarda yaklaşık 1-2 inç kabuk bırakın.
d) Sotelenmiş mantarları tavukların üzerine dağıtın.
e) Mantarların üzerine rendelenmiş İsviçre peyniri ve doğranmış taze maydanoz serpin.
f) Tatmak için tuz ve karabiber ekleyin.

86.Dana ve Karamelize Soğan Galette

İÇİNDEKİLER:

- 1 kiloluk kıyma
- 2 büyük soğan, ince dilimlenmiş
- 1 yemek kaşığı zeytinyağı
- Tatmak için biber ve tuz
- 1 su bardağı rendelenmiş gravyer peyniri
- 1 yemek kaşığı taze kekik yaprağı
- 1 önceden hazırlanmış pasta kabuğu

TALİMATLAR:

a) Fırını önceden 375°F'ye (190°C) ısıtın.
b) Bir tavada zeytinyağını orta ateşte ısıtın. Dilimlenmiş soğanları ekleyin ve ara sıra karıştırarak karamelize olana kadar yaklaşık 20-25 dakika pişirin.
c) Kıymayı tavaya ekleyin ve kızarana kadar pişirin. Tuz ve karabiberle tatlandırın.
ç) Parşömen kağıdıyla kaplı bir fırın tepsisine pasta kabuğunu açın.
d) pasta kabuğunun ortasına , kenarlarda bir kenarlık bırakarak dökün.
e) Kıyılmış gravyer peynirini dana eti karışımının üzerine serpin.
f) Pasta kabuğunun kenarlarını dolgunun üzerine katlayın, gerektiği gibi katlayın.
g) Altın rengi bir görünüm elde etmek için kabuğun kenarlarını çırpılmış yumurtayla fırçalayın (isteğe bağlı).
ğ) Önceden ısıtılmış fırında 25-30 dakika veya kabuk altın rengi kahverengi olana kadar pişirin.
h) galettenin üzerine taze kekik yapraklarını serpin .

87.Jambonlu ve Peynirli Galette

İÇİNDEKİLER:
GALETTE HAMUR
- 2 su bardağı karabuğday unu
- 1/4 bardak çok amaçlı un
- 1 yemek kaşığı tuz
- 4 1/2 su bardağı su
- 1 yumurta

TOPLANTI
- Tuzsuz tereyağı
- jambon
- Yumurtalar
- Gruyère peyniri, rendelenmiş

TALİMATLAR:
GALETTE HAMUR

a) İyice birleşene kadar her şeyi birlikte karıştırın. Hamuru 2 saat ya da gece boyunca buzdolabında bekletin.

TOPLANTI

b) 11 inçlik dökme demir krep ızgara tavasını çok eşit bir şekilde sıcak olana kadar orta ateşte ısıtın. Karakteristik kraterler için tavanın, döküldüğünde hamurun içinden hemen delik açabilecek kadar sıcak olması gerekir.

c) Tavayı kaplayacak kadar tereyağını eritin. 1/2 bardak hamuru dökün ve tavayı tüm yüzeyini kaplayacak şekilde eğin.

ç) İlk tarafını yaklaşık 2 1/2 dakika pişirin, ardından çevirin ve 1 1/2 dakika daha pişirin. Galetteyi ocaktan alın ve doldurmalar için gerekli olana kadar soğumaya bırakın. Yapışmayı önlemek için gerektiği kadar tavaya tereyağı ekleyerek tüm hamurla tekrarlayın.

d) Tam " montaj için , biraz daha tereyağı eritin ve soğutulmuş bir galetteye atın , kraterler açın ve hemen ortasına bir dilim jambon koyun, ardından dilimi kaplayacak şekilde rendelenmiş gravyer koyun. Bu arada ayrı bir tavada eritilmiş tereyağında yumurtayı pişirin; Yumurta neredeyse piştiğinde, sarısı ortada olacak şekilde gruyerenin üzerine yavaşça yerleştirin ve sadece yumurtayı görünecek şekilde galetin dört kenarını katlayın.

e) Kapağını kapatın ve yumurta pişene ve galetin tabanı gevrekleşene kadar bir dakika kadar ısıtmaya devam edin. Derhal servis yapın.

88.Hindi ve Kızılcık Galette

İÇİNDEKİLER:
- 1 önceden hazırlanmış pasta kabuğu
- 1 su bardağı pişmiş ve doğranmış hindi
- 1/2 bardak kızılcık sosu
- 1/2 su bardağı ufalanmış keçi peyniri
- 1/4 su bardağı kıyılmış ceviz
- 1 yemek kaşığı doğranmış taze adaçayı
- Tatmak için biber ve tuz

TALİMATLAR:
a) Fırını önceden 375°F'ye (190°C) ısıtın.
b) Parşömen kağıdıyla kaplı bir fırın tepsisine pasta kabuğunu açın.
c) turta kabuğunun ortasına, kenarlarda bir kenarlık bırakarak yayın.
ç) Kızılcık sosunun üzerine rendelenmiş hindiyi, ufalanmış keçi peynirini, doğranmış cevizleri ve doğranmış taze adaçayı serpin.
d) Tuz ve karabiberle tatlandırın.
e) Pasta kabuğunun kenarlarını dolgunun üzerine katlayın, gerektiği gibi katlayın.
f) Önceden ısıtılmış fırında 25-30 dakika veya kabuk altın rengi kahverengi olana kadar pişirin.
g) Servis yapmadan önce hafifçe soğumaya bırakın.

89.Kuzu ve Beyaz Galette

İÇİNDEKİLER:

- 1 önceden hazırlanmış pasta kabuğu
- 1 su bardağı pişmiş ve doğranmış kuzu eti
- 1/2 su bardağı ufalanmış beyaz peynir
- 1/4 su bardağı doğranmış taze nane
- 1/4 su bardağı doğranmış Kalamata zeytini
- 1 yemek kaşığı zeytinyağı
- Tatmak için biber ve tuz

TALİMATLAR:

a) Fırını önceden 375°F'ye (190°C) ısıtın.
b) Parşömen kağıdıyla kaplı bir fırın tepsisine pasta kabuğunu açın.
c) Bir kasede kıyılmış kuzu eti, ufalanmış beyaz peynir, doğranmış taze nane, doğranmış Kalamata zeytini, zeytinyağı, tuz ve karabiberi karıştırın.
ç) pasta kabuğunun ortasına , kenarlarda bir kenarlık bırakarak kaşıkla dökün.
d) Pasta kabuğunun kenarlarını dolgunun üzerine katlayın, gerektiği gibi katlayın.
e) Önceden ısıtılmış fırında 25-30 dakika veya kabuk altın rengi kahverengi olana kadar pişirin.
f) Dilimleyip servis yapmadan önce birkaç dakika soğumaya bırakın.

90.Çekilmiş Domuz Eti ve Lahana Salatası Galette

İÇİNDEKİLER:

- 1 önceden hazırlanmış pasta kabuğu
- 1 bardak çekilmiş domuz eti
- 1 bardak lahana salatası karışımı
- 1/4 bardak barbekü sosu
- 1/4 su bardağı rendelenmiş kaşar peyniri
- Tatmak için biber ve tuz

TALİMATLAR:

a) Fırını önceden 375°F'ye (190°C) ısıtın.
b) Parşömen kağıdıyla kaplı bir fırın tepsisine pasta kabuğunu açın.
c) Bir kapta çekilmiş domuz eti ve barbekü sosunu iyice kaplanana kadar karıştırın.
ç) pasta kabuğunun ortasına eşit şekilde yayın ve kenarlarda bir kenarlık bırakın.
d) Çekilmiş domuz etinin üzerine lahana salatası karışımı ve rendelenmiş çedar peyniri ekleyin.
e) Tuz ve karabiberle tatlandırın.
f) Pasta kabuğunun kenarlarını dolgunun üzerine katlayın, gerektiği gibi katlayın.
g) Önceden ısıtılmış fırında 25-30 dakika veya kabuk altın rengi kahverengi olana kadar pişirin.
ğ) Servis yapmadan önce hafifçe soğumaya bırakın.

91.Pastırma, Yumurta ve Peynir Galette

İÇİNDEKİLER:

- 1 önceden hazırlanmış pasta kabuğu
- 6 dilim pastırma, pişmiş ve ufalanmış
- 4 yumurta
- 1/2 su bardağı rendelenmiş kaşar peyniri
- Tatmak için biber ve tuz

TALİMATLAR:

a) Fırını önceden 375°F'ye (190°C) ısıtın.
b) Parşömen kağıdıyla kaplı bir fırın tepsisine pasta kabuğunu açın.
c) pasta kabuğunun ortasına eşit şekilde serpin ve kenarlarda bir kenarlık bırakın.
ç) Yumurtaları pastırmanın üzerine eşit aralıklarla kırın.
d) Pastırma ve yumurtaların üzerine rendelenmiş kaşar peynirini serpin.
e) Tuz ve karabiberle tatlandırın.
f) Pasta kabuğunun kenarlarını dolgunun üzerine katlayın, gerektiği gibi katlayın.
g) Önceden ısıtılmış fırında 20-25 dakika veya kabuk altın rengi kahverengi olana ve yumurtalar pişene kadar pişirin.
ğ) Servis yapmadan önce hafifçe soğumaya bırakın.

92.Patates, Sosis ve Biberiye Galette

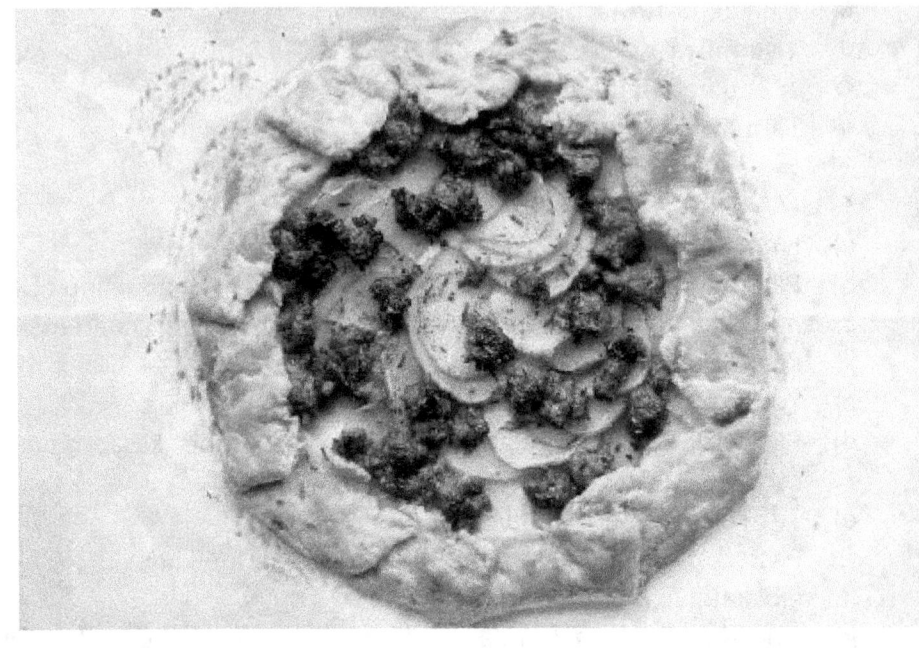

İÇİNDEKİLER:
HAMUR İŞİ:
- 1 1/2 bardak çok amaçlı un
- 1/4 su bardağı rendelenmiş parmesan peyniri
- 1/4 çay kaşığı tuz
- 1/2 bardak 1 çubuk soğuk tuzsuz tereyağı, doğranmış
- 5 ila 6 yemek kaşığı çok soğuk su

GALETTE:
- 1 yemek kaşığı zeytinyağı
- 1 su bardağı rendelenmiş Mozzarella peyniri
- 1/2 su bardağı rendelenmiş Fontina peyniri
- Çok ince dilimlenmiş 2 büyük Yukon altın patatesi
- 2 adet sıcak veya hafif İtalyan sosisi kabuğu çıkarılmış
- 1/2 çay kaşığı tuz
- 1/4 çay kaşığı taze çekilmiş karabiber
- 2 çay kaşığı doğranmış taze biberiye
- Bir miktar su ile çırpılmış 1 büyük yumurta

TALİMATLAR:
a) Hamur işini yapmak için geniş bir kapta un, parmesan peyniri ve tuzu iyice birleşene kadar birleştirin. Tereyağını ekleyin ve bezelye büyüklüğünde iri kırıntılara benzeyene kadar bir hamur karıştırıcısı veya parmaklarınızla kesin. Her şey eşit şekilde nemlendirilinceye kadar plastik bir spatula ile hafifçe karıştırarak 5 yemek kaşığı suyu gezdirin ; Yapışkan bir hamur yapmak için gerekirse son çorba kaşığı suyu ekleyin. Hamuru bir disk haline getirin, streç filmle sarın ve en az 1 saat buzdolabında saklayın.

b) Fırını 425°F'ye önceden ısıtın. Bir fırın tepsisini parşömen kağıdıyla hizalayın ve bir kenara koyun.

c) Galetteyi birleştirmek için , hafifçe unlanmış bir çalışma yüzeyinde, hamuru yaklaşık 1/4 inç kalınlığında 12 inçlik bir daire şeklinde yuvarlayın. Hamuru dikkatlice parşömen kaplı bir fırın tepsisine aktarın. Üzerine zeytinyağı sürün ve ardından ortasını serpin. rendelenmiş peynirlerle, kenar boyunca 2 inç genişliğinde çıplak bir şerit bırakarak.

ç) Patates dilimlerini peynirin üzerine, tümsek şeklinde üst üste gelecek şekilde yayın. Sosisleri parçalayıp patateslerin üzerine yerleştirin. Tuz, karabiber ve biberiye ile tatlandırın.

d) Hamurun kenarlarını merkeze doğru katlayın. Kabuğun kenarlarını yumurta akı ile fırçalayın ve altın rengi kahverengi ve kabarcıklı olana kadar yaklaşık 25 ila 30 dakika pişirin.

e) Fırından çıkarın ve dilimleyip servis etmeden önce yaklaşık 10 dakika dinlendirin . Eğlence!

93.Kavrulmuş Domates Galette İki Yollu

İÇİNDEKİLER:
HAMUR:
- 70 gr soğuk kepekli un
- 70 gr sade un, soğuk; Düz yazımı kullanıyorum
- 50 gr soğuk yulaf unu; Ben kendi blenderimi yapıyorum
- 1 yemek kaşığı rezene tohumu
- 1 yemek kaşığı soğuk mısır unu; veya ince polenta
- 1/2 çay kaşığı tuz
- 100 gr tereyağı küp şeklinde ve soğuk; organik tercih
- 1 çay kaşığı elma sirkesi veya beyaz şarap sirkesi
- 3 yemek kaşığı buzlu soğuk su
- 1 küçük yumurta çırpılmış (daha sonra işlemde sırlamak için)

DOMATESLER
- 800 gr en iyi domates çok küçük değil
- 2 diş sarımsak dilimlenmiş
- 1 dal biberiye
- 1 dal kekik
- 3 yemek kaşığı sızma zeytinyağı bölünmüş kullanım
- 1 uzun arpacık dilimlenmiş; isteğe bağlı
- Korunmuş Limon Tapenade
- 3 yemek kaşığı siyah zeytin ezmesi
- 1/2 korunmuş limon ince kıyılmış

TATLI HARİSSA MACUNU
- 2 yemek kaşığı harissa ezmesi, tercihen gül harissa
- 1 yemek kaşığı en iyi domates ketçapı
- 1/2 yemek kaşığı hurma şurubu veya bal

RICOTTA SOSU
- 125 gr ricotta
- 3 yemek kaşığı siyah zeytin ezmesi
- 1 yemek kaşığı taze limon suyu
- yarım limon kabuğu rendesi
- İsteğe göre taze kekik yaprakları ve kıyılmış biberiye yaprakları servise sunulur.

TALİMATLAR:
HAMUR YAPIMI
a) Kullanıyorsanız rezene tohumlarını küçük bir tavada kokusu çıkana kadar kızartın. Kısa bir süre soğutun, ardından havan tokmağı veya baharat değirmeni ile kaba bir toz haline gelinceye kadar dövün. Harika kokacak!
b) Yukarıda göreceğiniz gibi hamur malzemeleri soğuk olmalıdır. Onları 15 dakika buzdolabına koymanız yeterli. Şimdi unları, tereyağını, tuzu ve rezene tohumlarını mutfak robotunun kasesine koyun ve küçük "çakıl taşları" haline gelinceye kadar çalıştırın. Pürüzsüz bir macun haline gelinceye kadar aşırı işlenmemelidir.
c) Buzlu suyu ve sirkeyi küçük bir kapta birleştirin ve robot çalışırken mutfak robotunuzun tüpünden yavaşça ekleyin. Hamur topaklar bir tarafa gelinceye kadar makineyi açık tutun. Kasenin içinde birkaç parça parça olabilir, ancak genel olarak yapışkan bir hamur olmalıdır.
ç) Hamuru işlemciden çekin ve bir parça parşömen kağıdı veya streç film üzerinde yağlı, düz bir disk veya kaba bir dikdörtgen haline getirin.
d) Tamamen kapatmak için kenarları yukarı çekin ve sıkıştırın; 15 dakika kadar dondurucuya koyun. Veya 30 dakika buzdolabında.

DOMATESLERİN KAVURULMASI
e) Fırını 160C fanlı/180C/350F'ye ısıtın. İki tepsi domatesi tutacak iki rafınızın olduğundan emin olun.
f) Domatesleri yaklaşık 1/2 inç kalınlığında dilimleyin ve birkaç kat kağıt havluya veya çift kat kurulama havlusunun üzerine koyun. Daha fazla havluyla örtün ve hafifçe bastırın. Bu, sıvının bir kısmını çıkaracak ve kavurmayı hızlandıracaktır. Bu kısmı atlayıp domatesleri bir saat kadar kavurmaya bırakabilirsiniz. Domateslerin lezzetli sıvılarının bir kısmının lekelenmesinde bir lezzet farkı fark etmedim.
g) Birkaç fırın tepsisini hafifçe buruşturulmuş folyoyla kaplayın (pişirme kağıdı da işe yaramaz ama daha çevre dostudur) ve biraz yağla yağlayın. Domatesleri üzerine koyun ve yağla fırçalayın.
ğ) Fırına verip 45 dakika kadar pişirin. Domatesler kavrulurken kalan yağı ayrı ayrı sarımsak ve arpacık soğanına karıştırın. 15 dakika

sonra tepsilerden birine yağlanmış sarımsakları ve ot dallarını ekleyin.

h) Domatesler kızarırken ve hamur dinlenirken, dilediğiniz lezzeti hazırlayın. Seçtiğiniz malzemeleri karıştırın ve bir kenara koyun. Eğer ricotta sosu yapacaksanız, bunu şimdi her şeyi karıştırıp buzdolabına atarak yapın.

ı) Bir araya getirmek

i) Hamuru buzdolabından çıkarın ve açın. Temiz, un serpilmiş (daha fazla mısır unu kullanıyorum) bir çalışma yüzeyinde eşit şekilde istediğiniz şekle getirin, ancak yaklaşık 12 inç çapında / 1/4 inç kalınlığında. Çatlayabilir, bu yüzden dışarı çıkacak diğer parçalarla yama yapın.

j) Hamurun yarısını oklava üzerine gevşek bir şekilde yuvarlayın (kek kaldırıcıdan yardım gerekebilir) ve hamuru, pişirme kağıdıyla kaplı bir tepsiye tamamen dökün.

k) lezzetli karışımı hamurun üzerine kenarlarına biraz yakın olacak şekilde yayın . Kavrulmuş sarımsak parçalarının çoğunu ekleyin (otlar için endişelenmeyin, sarımsağı tatlandırdılar ve artık isteğe bağlı), tüm arpacık soğanı parçalarını ekleyin ve kavrulmuş domateslerin üzerine kenarlarda bir boşluk bırakarak koyun.

l) Üzerine rastgele kavrulmuş sarımsak parçaları ekleyin. Çıplak hamurun kenarlarını domateslerin dış çeyreğinin üzerine katlayın (resimlere bakın). Üzerine çırpılmış yumurta sürün ve 15 dakika buzdolabına geri koyun. Mükemmel değil, rustik görünmeli!

m) Fırın sıcaklığını 200C fan/220C/425 F'ye yükseltin.

n) Soğuduktan sonra galetteyi fırında 15 dakika pişirin, ardından ısıyı 160°C fan/180°C/350F'ye düşürün ve 20 dakika daha pişirin, gerekirse çok çabuk kararmasını önlemek için üzerini folyoyla hafifçe örtün.

o) Fırından çıkarın ve 6 dilime kesip salata ve Ricotta Dip ile servis etmeden önce hafifçe veya oda sıcaklığına soğutun.

ö) Ekstra otlar ile süsleyin.

SEBZE GALETLERİ

94. Ratatouille Galette

İÇİNDEKİLER:
- 1 önceden hazırlanmış pasta kabuğu
- 1 küçük patlıcan, ince dilimlenmiş
- 1 kabak, ince dilimlenmiş
- 1 sarı kabak, ince dilimlenmiş
- 1 dolmalık biber, ince dilimlenmiş
- 1 soğan, ince dilimlenmiş
- 2 diş sarımsak, kıyılmış
- 2 yemek kaşığı zeytinyağı
- 1/2 bardak marinara sosu
- 1/2 su bardağı rendelenmiş mozzarella peyniri
- Tatmak için biber ve tuz
- Garnitür için taze fesleğen yaprakları

TALİMATLAR:
a) Fırını önceden 375°F'ye (190°C) ısıtın.
b) Büyük bir tavada zeytinyağını orta ateşte ısıtın. Kıyılmış sarımsak ve dilimlenmiş sebzeleri (patlıcan, kabak, sarı kabak, dolmalık biber ve soğan) ekleyin. Yumuşayana kadar yaklaşık 8-10 dakika pişirin. Tuz ve karabiberle tatlandırın.
c) Parşömen kağıdıyla kaplı bir fırın tepsisine pasta kabuğunu açın.
ç) turta kabuğunun ortasına eşit şekilde yayın ve kenarlarda bir kenarlık bırakın.
d) Pişen sebzeleri marinara sosunun üzerine dizin.
e) Rendelenmiş mozarella peynirini sebzelerin üzerine serpin.
f) Pasta kabuğunun kenarlarını dolgunun üzerine katlayın, gerektiği gibi katlayın.
g) Önceden ısıtılmış fırında 25-30 dakika veya kabuk altın rengi kahverengi olana ve peynir eriyip kabarcıklanıncaya kadar pişirin.
ğ) Servis yapmadan önce taze fesleğen yapraklarıyla süsleyin.

95.Körili Sebze Galette

İÇİNDEKİLER:

- 1 önceden hazırlanmış pasta kabuğu
- 2 su bardağı karışık sebze (karnabahar, havuç, bezelye ve patates gibi), doğranmış
- 1 soğan, ince doğranmış
- 2 diş sarımsak, kıyılmış
- 2 yemek kaşığı köri tozu
- 1/2 bardak hindistan cevizi sütü
- 2 yemek kaşığı bitkisel yağ
- Tatmak için biber ve tuz

TALİMATLAR:

a) Fırını önceden 375°F'ye (190°C) ısıtın.
b) Bir tavada bitkisel yağı orta ateşte ısıtın. Doğranmış soğanı ve kıyılmış sarımsağı ekleyin. Yumuşayana kadar yaklaşık 2-3 dakika pişirin.
c) Doğranmış sebzeleri tavaya ekleyin ve hafifçe yumuşayana kadar yaklaşık 5-7 dakika pişirin.
ç) Köri tozu ve hindistancevizi sütünü karıştırın. Tuz ve karabiberle tatlandırın. Karışım hafifçe koyulaşana kadar 2-3 dakika daha pişirin.
d) Parşömen kağıdıyla kaplı bir fırın tepsisine pasta kabuğunu açın.
e) pasta kabuğunun ortasına, kenarlarda bir kenarlık bırakarak dökün.
f) Pasta kabuğunun kenarlarını dolgunun üzerine katlayın, gerektiği gibi katlayın.
g) Önceden ısıtılmış fırında 25-30 dakika veya kabuk altın rengi kahverengi olana kadar pişirin.
ğ) Servis yapmadan önce hafifçe soğumaya bırakın.

96. Caprese Galette

İÇİNDEKİLER:
- 1 önceden hazırlanmış pasta kabuğu
- 2 büyük domates, ince dilimlenmiş
- 8 ons taze mozzarella peyniri, dilimlenmiş
- 1/4 su bardağı taze fesleğen yaprağı
- 2 yemek kaşığı balzamik sır
- 2 yemek kaşığı zeytinyağı
- Tatmak için biber ve tuz

TALİMATLAR:
a) Fırını önceden 375°F'ye (190°C) ısıtın.
b) Parşömen kağıdıyla kaplı bir fırın tepsisine pasta kabuğunu açın.
c) turta kabuğunun ortasına üst üste binecek şekilde, kenarlarda bir kenarlık bırakarak yerleştirin.
ç) Taze fesleğen yapraklarını yırtıp domates ve mozzarella peynirinin üzerine dağıtın.
d) Balsamik sır ve zeytinyağını domates ve mozzarella peynirinin üzerine gezdirin. Tuz ve karabiberle tatlandırın.
e) Pasta kabuğunun kenarlarını dolgunun üzerine katlayın, gerektiği gibi katlayın.
f) Önceden ısıtılmış fırında 20-25 dakika veya kabuk altın rengi kahverengi olana ve peynir eriyene kadar pişirin.
g) Servis yapmadan önce hafifçe soğumaya bırakın.

97.Mantar ve Gruyere Galette

İÇİNDEKİLER:

- 1 önceden hazırlanmış pasta kabuğu
- cremini veya düğme mantarı gibi)
- 1 yemek kaşığı tereyağı
- 1 soğan, ince dilimlenmiş
- 2 diş sarımsak, kıyılmış
- 1 su bardağı rendelenmiş Gruyere peyniri
- 1 yemek kaşığı taze kekik yaprağı
- Tatmak için biber ve tuz

TALİMATLAR:

a) Fırını önceden 375°F'ye (190°C) ısıtın.
b) Bir tavada orta ateşte tereyağını eritin. Dilimlenmiş mantarları, dilimlenmiş soğanı ve kıyılmış sarımsağı ekleyin. Mantarlar yumuşayana ve soğanlar karamelize olana kadar yaklaşık 10-12 dakika pişirin. Tuz ve karabiberle tatlandırın.
c) Parşömen kağıdıyla kaplı bir fırın tepsisine pasta kabuğunu açın .
ç) turta kabuğunun ortasına eşit şekilde yayın ve kenarlarda bir kenarlık bırakın.
d) Rendelenmiş Gruyere peynirini mantar karışımının üzerine serpin.
e) Taze kekik yapraklarını peynirin üzerine serpin.
f) Pasta kabuğunun kenarlarını dolgunun üzerine katlayın, gerektiği gibi katlayın.
g) Önceden ısıtılmış fırında 25-30 dakika veya kabuk altın rengi kahverengi olana ve peynir eriyip kabarcıklanıncaya kadar pişirin.
ğ) Servis yapmadan önce hafifçe soğumaya bırakın.

98.Ispanaklı ve Feta Galette

İÇİNDEKİLER:
- 1 önceden hazırlanmış pasta kabuğu
- 4 su bardağı taze ıspanak yaprağı
- 1 yemek kaşığı zeytinyağı
- 2 diş sarımsak, kıyılmış
- 1/2 su bardağı ufalanmış beyaz peynir
- 1/4 su bardağı rendelenmiş parmesan peyniri
- Tatmak için biber ve tuz

TALİMATLAR:
a) Fırını önceden 375°F'ye (190°C) ısıtın.
b) Bir tavada zeytinyağını orta ateşte ısıtın. Kıyılmış sarımsağı ekleyin ve kokusu çıkana kadar yaklaşık 1 dakika pişirin.
c) Taze ıspanak yapraklarını tavaya ekleyin ve solana kadar yaklaşık 2-3 dakika pişirin. Tuz ve karabiberle tatlandırın.
ç) Parşömen kağıdıyla kaplı bir fırın tepsisine pasta kabuğunu açın.
d) turta kabuğunun ortasına eşit şekilde yayın ve kenarlarda bir kenarlık bırakın.
e) Ufalanmış beyaz peyniri ve rendelenmiş Parmesan peynirini ıspanağın üzerine serpin.
f) Pasta kabuğunun kenarlarını dolgunun üzerine katlayın, gerektiği gibi katlayın.
g) Önceden ısıtılmış fırında 25-30 dakika veya kabuk altın rengi kahverengi olana ve peynir eriyip kabarcıklanıncaya kadar pişirin.
ğ) Servis yapmadan önce hafifçe soğumaya bırakın.

99.Kavrulmuş Sebze Galette

İÇİNDEKİLER:
- 1 önceden hazırlanmış pasta kabuğu
- 2 su bardağı karışık kavrulmuş sebzeler (biber, kabak, patlıcan ve kiraz domates gibi)
- 2 yemek kaşığı zeytinyağı
- 1 yemek kaşığı balzamik sirke
- 2 diş sarımsak, kıyılmış
- Tatmak için biber ve tuz
- 1/4 su bardağı ufalanmış keçi peyniri
- 2 yemek kaşığı doğranmış taze fesleğen

TALİMATLAR:
a) Fırını önceden 375°F'ye (190°C) ısıtın.
b) Bir kapta kavrulmuş sebzeleri zeytinyağı, balzamik sirke, kıyılmış sarımsak, tuz ve karabiberle karıştırın.
c) Parşömen kağıdıyla kaplı bir fırın tepsisine pasta kabuğunu açın.
ç) turta kabuğunun ortasına , kenarlarda bir kenarlık bırakarak eşit şekilde yerleştirin.
d) Kavrulmuş sebzelerin üzerine ufalanmış keçi peynirini serpin.
e) Peynirin üzerine doğranmış taze fesleğen serpin.
f) Pasta kabuğunun kenarlarını dolgunun üzerine katlayın, gerektiği gibi katlayın.
g) Önceden ısıtılmış fırında 25-30 dakika veya kabuk altın rengi kahverengi olana kadar pişirin.
ğ) Servis yapmadan önce hafifçe soğumaya bırakın.

100.Kabak ve Domates Galette

İÇİNDEKİLER:

- 5 ons çok amaçlı un
- 1 kabak
- 1 orta boy kırmızı soğan
- ¾ oz Parmesan
- 1 limon
- 2 erik domates
- 1 ons krem peynir
- 4 ons fesleğen pesto
- 3 oz. roka
- şeker
- koşer tuzu ve karabiber
- 6 yemek kaşığı tereyağı
- zeytin yağı
- 1 büyük yumurta

TALİMATLAR:

a) Orta boy bir kapta un, 1 çay kaşığı şeker ve ½ çay kaşığı tuzu birleştirin. 6 yemek kaşığı soğuk tereyağını ½ inçlik parçalar halinde kesin; una ekleyin ve kaplayın. Tereyağını parmaklarınızla bastırarak düzleştirin ve küçük bezelye büyüklüğüne gelinceye kadar unun içine ekleyin.

b) Un-tereyağı karışımının üzerine ¼ bardak soğuk su serpin. Birleşene kadar bir spatula ile karıştırın, ardından hamur tüylü bir top oluşana kadar ellerinizle yoğurun. 4 inç genişliğinde bir diske (yaklaşık ¾ inç kalınlığında) yerleştirin. Plastiğe sarın ve sertleşinceye kadar en az 2 saat (tercihen gece boyunca) buzdolabında saklayın. Broyleri üst üçte birlik bir rafla önceden ısıtın. Bir fırın tepsisini yağla yağlayın.

c) Kabak ve soğanı (soğan halkalarını bütün halde tutun) ¼ inç kalınlığında yuvarlaklar halinde dilimleyin. Parmesanı ve ½ çay kaşığı limon kabuğu rendesini ince bir şekilde rendeleyin. Orta boy bir kaseye 2 çay kaşığı limon suyunu sıkın. Domatesleri ince dilimleyin; kağıt havluyla kaplı bir tabağa aktarın ve tuz ve karabiberle tatlandırın. En az 15 dakika bir kenara koyun. Galetteyi birleştirmeden önce domatesleri kurutun.

ç) Kabak ve soğanları hazırlanan fırın tepsisine tek kat halinde yerleştirin; yağ gezdirip tuz ve karabiberle tatlandırın.
d) Üst rafta kızarana ve yumuşayana kadar 10-13 dakika kızartın (yakından izleyin). Küçük bir kapta krem peyniri, limon kabuğu rendesini ve 2 yemek kaşığı pestoyu birleştirmek için karıştırın. Tuz ve karabiberle tatlandırın. Ortasında bir raf olacak şekilde fırını 400°F'ye önceden ısıtın.
e) Hamuru 12 inçlik bir daireye yuvarlayın; parşömen kaplı fırın tepsisine yerleştirin. 1 büyük yumurtayı ve 1 yemek kaşığı suyu bir kasede çırpın ; yumurta yıkamayı bir kenara koyun. Pesto krem peynirini 1 inçlik bir kenarlık bırakarak kabuğun üzerine eşit şekilde yayın; üst üste binen katmanlar halinde sebzelerle doldurun. Gerektiğinde katlayarak hamurun kenarını dolgunun üzerine katlayın. Kabuğu yumurta akı ile fırçalayın ve biraz Parmesan serpin.
f) Galetteyi orta fırın rafında, kabuk altın rengi oluncaya kadar, 30-40 dakika pişirin . 10 dakika dinlenmeye bırakın. Limon suyuyla karıştırmak için 2 yemek kaşığı yağı ve birer tutam tuz ve karabiberi çırpın. Rokayı ekleyip fırlatın.
g) galetin üzerine gezdirin ; dilimler halinde kesin ve üzerine kalan Parmesan serpilerek salatanın yanında servis yapın.
ğ) Eğlence!

ÇÖZÜM

«MUHTEŞEM GALETLER YEMEK KİTABI" nın sayfalarını kapatırken, bu sevilen rustik hamur işinin sonsuz olanaklarını keşfetmek için ilham aldığınızı umuyoruz. Tatlıdan tuzluya, basitten sofistikeye kadar galetteler, keşfedilmeyi bekleyen bir mutfak yaratıcılığı dünyası sunuyor. Mutfak yolculuğunuza devam ederken yemek pişirmenin sevginin, yaratıcılığın ve neşenin bir ifadesi olduğunu unutmayın. İster kendiniz için, ister sevdikleriniz için, ister özel bir gün için pişiriyor olun, yarattığınız her galette mutfağınıza sıcaklık, sofranıza mutluluk getirsin.

galette yaratımınızın son kırıntılarının tadını çıkarırken, mutfakta yaşanan anıların tabaklar temizlendikten sonra bile uzun süre aklımda kalacağını bilin. Pişirme sevginizi paylaşın, değer verdiğiniz kişilerle masanın etrafında toplanın ve hem bedeninizi hem de ruhunuzu besleyen anlar yaratın. Bir sonraki pastacılık maceranıza atılmaya hazır olduğunuzda, "Görkemli Galettes Yemek Kitabı"nın lezzetli tarifleri ve eskimeyen çekiciliğiyle size rehberlik etmeye hazır olacağını bilin.

Galette dünyasındaki bu yolculuğa bize katıldığınız için teşekkür ederiz. Mutfağınız kahkahayla, fırınınız sıcaklıkla, sofranız ev yapımı lezzetlerle dolsun. Tekrar buluşana kadar, mutlu pişirme ve afiyet olsun!

www.ingramcontent.com/pod-product-compliance
Lightning Source LLC
Chambersburg PA
CBHW070653120526
44590CB00013BA/942